艺术 体育
高校学术研究论著丛刊

中国武术教育传承与教学改革研究

刘云东 著

中国书籍出版社
China Book Press

图书在版编目(CIP)数据

中国武术教育传承与教学改革研究 / 刘云东著. -- 北京 : 中国书籍出版社, 2023.7

ISBN 978-7-5068-9488-3

Ⅰ.①中… Ⅱ.①刘… Ⅲ.①武术 – 体育教育 – 研究 – 中国 Ⅳ.①G852-4

中国国家版本馆CIP数据核字（2023）第129266号

中国武术教育传承与教学改革研究

刘云东 著

丛书策划	谭 鹏 武 斌
责任编辑	李国永
责任印制	孙马飞 马 芝
封面设计	东方美迪
出版发行	中国书籍出版社
地　　址	北京市丰台区三路居路97号（邮编：100073）
电　　话	（010）52257143（总编室）　（010）52257140（发行部）
电子邮箱	eo@chinabp.com.cn
经　　销	全国新华书店
印　　厂	三河市德贤弘印务有限公司
开　　本	710毫米×1000毫米 1/16
字　　数	222千字
印　　张	14
版　　次	2023年9月第1版
印　　次	2023年9月第1次印刷
书　　号	ISBN 978-7-5068-9488-3
定　　价	86.00元

版权所有　翻印必究

目　录

第一章　中国武术基础理论与价值的科学认知　　1

　　第一节　中国武术释义　　2
　　第二节　中国武术的起源与发展　　4
　　第三节　中国武术的文化内涵　　10
　　第四节　中国武术与多元学科理论的关系　　14
　　第五节　中国武术的健康价值与教育价值　　30
　　第六节　中国武术的当代价值　　32

第二章　中国武术的传承与发展　　35

　　第一节　中国武术的传承要素　　36
　　第二节　中国武术的传承现状与困境　　50
　　第三节　中国武术传承的策略　　54
　　第四节　中国武术的现代化传承与发展探索　　66

第三章　中国武术教育传承的思考　　93

　　第一节　教育对中国武术传承的意义　　94
　　第二节　中国武术教育传承的迫切性　　96
　　第三节　中国武术的历史教育传承　　98
　　第四节　中国武术教育传承的现状与影响因素　　101
　　第五节　中国武术教育传承的发展　　106

第四章 学校武术课程建设与教学理论构建　　111

- 第一节　武术学科建设与发展概况　　112
- 第二节　武术课程设置　　117
- 第三节　武术教学的原则与方法　　129
- 第四节　武术教学的设计与评价　　137

第五章 当前学校武术教学现状与改革创新　　149

- 第一节　学校武术教学的现状与反思　　150
- 第二节　学校武术教学内容与方法的改革与创新　　153
- 第三节　学校武术教学中文化教育性的重塑　　164
- 第四节　武术精品课程建设　　168
- 第五节　"一校一拳"视域下学校武术教学改革　　173

第六章 文化传承视角下武术项目教学改革研究　　177

- 第一节　太极拳教学与改革　　178
- 第二节　散打教学与改革　　194
- 第三节　器械项目教学与改革　　204

参考文献　　216

第一章　中国武术基础理论与价值的科学认知

　　武术是我国的国粹，其具有独特的文化价值和实用价值，因此深受人们的欢迎与喜爱。随着社会的不断发展变化，学校成了传承武术的主阵地，学生成为传承武术的生力军。通过学校教育和利用学生的主体性传承中国武术，需要先使学生了解中国武术的基本理论与重要价值，形成对中国武术的基础认知，从而了解中国武术的博大精深。本章主要对中国武术基础理论与价值进行分析，主要内容包括中国武术的含义解释、起源与发展、文化内涵、与多元学科理论的关系、健康价值与教育价值以及当代价值。

第一节 中国武术释义

一、武术释义

（一）字形上的解析

从字形上来看，"武"字可以看作"止"与"戈"的结合，止是停止的意思，戈是武器的意思，字面来看，这两个字结合而成的"武"字是停止打仗的意思，但事实上这与"武"的本意不相符。"术"是技术方法的意思，这一含义是后人引申而来的。

综上，我们可以以"搏击的方法"来解释"武术"。

（二）字义上的解析

从字义上来分析，"武"字有两种解释，分别是"威力服人"和"讲武论勇"。"武术"在《辞海》被注释为"干戈军旅之事"。从这个注释来看，整军经武的方法和技术即为"武术"。《韩非子·定法》中提到："术者，……操杀生之柄，课群臣之能者也。"《礼记·乡饮酒义》中说："古之学术道者，将以得身也。"通过从字义上对武术进行解析，我们可以认为，击、力、技、法的方法就是武术。

（三）内容上的解析

武术运动最本质的特征即技击技术、武术功法、武术套路、对抗类武术等，无不充实着"技击"的气息。武术运动具有丰富的攻防内容，《礼记》中称武术的内容是"执技论力"，《荀子》和《汉书》又将武术称作"技击"，汉以后，又有"手搏"之技的说法，这些都充分说明了技击技术是武术的本质特征。

随着时代的进步与社会的发展，武术在军事实战中的作用逐渐弱化，人们开始对其健身与养生方面的功能给予高度的重视，这也是武术逐渐朝健身养生方向发展的一个主要原因。虽然目前很多人都将武术作为自己的养生保健手段，但技击作为武术的本质特征依然是客观存在的，人们习练武术，实际上也是学习其攻防技击能力，只有掌握了一定的技击技术，才能达到健身与养生的目的。

二、中国武术的概念

在人类早期的生存竞争、战争、狩猎中形成的技能形态，与武术最初的技术形态有着相同的本源及结构，在一定时期内，二者之间甚至还形成了一定的联系。但是，从文化内涵和价值取向方面来看，二者在本质上就存在着差异。

通常来说，在战争中，群体的阵势、协同等要比个人的技术更重要。但武术运动很大程度上只是一种个体行为，该文化形式是在民间自发形成的，其集防卫、健身、娱乐等多种价值于一体。在武术的发展历史中，其不同程度地受到了传统儒家、道教、佛教、民间宗教以及各种民俗文化的影响。所以说，武术最初的技术形态与同时期世界其他国家的武技基本上没有明显的差异，但发展到近代，我国武术的原始形态发生了变化，其与世界其他地区的武技就有了很大差异。造成该现象的主要原因在于，先秦以来大一统的封建社会经济与文化的长期积淀，使武术与狩猎、军事等领域的技艺形态逐渐脱离，武术逐渐成为一种文化载体及人体运动形式，而且具有相对独立性。全国体育院校通用的《中国武术教程》（2004年出版）这样界定"武术"的概念："武术是以攻防技击为主要内容，以套路演练和搏斗对抗为运动形式，注重内外兼修的民族传统体育项目。"[①]从这一定义中我们可以看到，武术具

---

① 全国体育院校教材委员会审定.中国武术教程 上[M].北京：人民体育出版社，2004.

有以下三个方面的属性。

第一，武术属于一种民族传统体育项目。

第二，武术是我国传统的技击术。

第三，武术是我国优秀的传统文化。

第二节　中国武术的起源与发展

一、中国武术的起源

下面主要从萌芽与形成两个方面来阐述武术的起源。

（一）萌芽阶段

武术是在人类同大自然斗争的过程中萌芽的，人类与大自然对抗的目的主要是获取生活资料。因此说，劳动是武术产生的根源。

在生产力水平低下、自然环境恶劣的原始社会中，人类只有与野兽作斗争，与大自然作斗争，才能获得生活资料，才能存活于世。斗争过程中，人类不得不做一些徒手动作，如拳打脚踢、躲闪等，但徒手打斗的效果不明显，这时人类就对石头、木棒等"作战工具"进行了大量采用，劈、砍、刺等技能也因此逐渐形成。

旧石器时代晚期，尖状石器、石球等器具不断出现，新石器时代，石斧、石刀、铜斧、铜钺等在人们的生活中普遍可见，人们在利用这些器具的过程中所表现出来的攻防技能就是武术的雏形。

武术真正的萌芽是与战争分不开的。人与人搏杀格斗的工具因为战争的需要而被大量生产出来，这些工具使得器械的制作水平以及技击技术都得到一定程度的发展。

除器械外，传统观念和行为也对武术的萌芽有积极的影响，其中影响最明显的就是"武舞"。

上述因素促进了武术的萌芽，也为武术的形成奠定了坚实基础。

（二）形成阶段

在原始社会的斗争中，武术不断萌芽，但其真正开始形成是在人类进入阶级社会后。阶级社会战争不断，人类的搏斗经验日趋丰富，兵器生产和武艺也有了进步，武术在这一环境中向着实用化、规范化的趋势发展，武术体系也逐步形成。

奴隶制崩溃及"士"阶层和"游侠"出现后，武技开始走向民间。民间武术的打法比较丰富，如出现了进攻、防守、反攻、佯攻等多种打法。随着武术技术的不断发展，武术理论也开始不断形成。

二、中国武术的发展简史

（一）古代武术的发展

1.夏商周时期

夏朝时期，奴隶主之间的战争促进了兵器的生产和军事战斗技能的发展，从而也推动了武术的发展与进步。另外，"序"和"校"等以武术为主的教育机构在这一时期也逐渐建立。

殷商时期，集身体、技术、战术训练为一体的武技训练手段——"田猎"出现，精良兵器被大量生产，使得武术的杀伤力大大提高。

西周时期，武术教育的雏形——"六艺"训练开始出现。

2.春秋战国时期

春秋战国时期战事频繁，练兵习武受到格外的重视，兵器铸造技术也有了进步，因而武术的格斗技能迅速发展。

3.秦汉时期

拳术、剑术、象形武术等武术分支在秦朝时期开始出现，这为以后武术体系的构建奠定了基础。

汉朝对武备和军事训练十分重视，尚武之风盛极一时。为了满足作战需要，刀在军中的地位逐渐提升，三国时期，军队作战中使用的短兵器以刀为主。剑的军事功能弱化之后，在民间得到了一定的发展，刀剑之术、相扑、角抵活动也逐渐向日本传播。这一时期，与武术有关的理论著述如《手搏》《剑道》等也开始出现。

4.两晋南北朝时期

两晋南北朝时期，受民族大融合的影响，武艺在军中和民间都得到了明显发展。另外，角抵戏、刀楯和刀剑表演、武打戏等娱乐性的武术在偏南方的汉族政权中逐渐流行。同时，武术与佛教、道教的文化密切结合。

5.唐朝时期

唐朝时期的"武举制"极大地促进了武术的发展。枪在这一时期是主要的战争兵器，剑从战争舞台完全退出，并在民间发达起来。角力、角抵、手搏、相扑徒手格斗技艺在唐朝时广泛流行，并被人们混合并用。此外，公元702年，武举制建立，其在人才选拔方面起到了积极作用。

6.两宋时期

在两宋时期，军事武艺得到了进一步的发展。兵器种类大量增加，形制复杂，促进了武术器械的丰富和技艺的提高。在民间，民众为了抵御侵略还自发集结了武艺结社组织，推动了民间武术的发展。

武艺表演在宋朝比较盛行，不管在军中，还是在民间都能看到武术表演的影子。武术表演对后世武术的表演化发展产生了重大的影响。

7.元朝时期

元朝严禁民间习武，以防止各族人民（主要是汉族）的反抗，武术在民间的发展受到阻碍；元代的文艺戏曲中有大量武打戏，这极大地促进了武术的艺术化发展。

8.明清时期

明清时期，武术文化最终形成，具体体现在武术套路、流派、内功、武德等逐渐形成和发展。

武术套路正式出现是在明朝。最早的武术套路图谱出自程宗猷的《单刀法选》。武术拳种、流派大都是在明清时期形成的，如形意拳、太极拳等。此外，武术与气功导引术在明清时期逐渐融合，促进了武术内功的出现。

（二）近代武术的发展

近代武术的发展继承了古代武术的发展成果，并对现代武术的发展产生了重要影响。近代武术的发展表现在以下几方面。

1.武术组织的建立

近代，大城市纷纷成立武术组织来推动武术运动的发展，如北京、天津等，其中最具代表性的是于1910年成立的精武体育会，地点在上海，这一武术组织维持的时间最长，产生的影响最大，传播的范围最广。20世纪20年代末，武术打破了地域与家族的限制，突破了口传身教的师徒传播方式，主要标志是中央国术馆及地方国术馆的成立。

2.武术教学的出现

近代，新武术的创编使武术逐渐走进学校，成了学校体育教育的一项重要内容。该时期在学校开展武术教育主要是为了尚武强国。

3.武术观念的革新

近代时期，人们开始以体育观的视角来重新认识与解释武术，并加深了对武术的理解，这促进了武术观念的革新。一些有识之士着手对武术进行研究，开展了大量收集、整理工作，武术的健身与技击功能被进一步挖掘，武术的科学化发展趋势日渐明显。

另外，近代也开展了各种类型的武术竞赛，且武术套路从第三届全运会开始正式成了比赛项目。

（三）现代武术的发展

武术在现代的发展主要体现在如下几个方面。

1.武术理论研究的系统化

1952年，民族形式体育研究会成立，作为民族传统体育项目的代表，武术的研究得到了进一步深化。1957年开始，武术项目被逐渐纳入大型武术运动会或武术比赛中。1979年开始，挖掘、整理武术的热潮在我国兴起，受这一热潮的影响，各地都展开了相关工作。1997年，武术运动因"武术段位制"的实行而得到了大范围普及。1982年开始，关于武术理论的研究不断深入。此后经过三年的不懈努力，129个具有明晰拳理、独特风格且自成体系的拳种被整理出来，且出版了相关书籍，如《中国武术拳械录》。至此，对于武术理论的研究更加系统化。1986年和1987年，武术科研组织——中国武术研究院和中国体育科学学会武术学会分别成立，这两个组织有效地保障了武术科研工作的顺利进行。

2.武术发展的组织化

1952年，重点负责对武术运动进行挖掘与整理的民族形式体育研究会成立。1955年，专门负责我国武术工作的组织——武术科（后改为武术处）成立。为进一步完善武术管理体制，国家体委于1994年设立武术运动管理中心。

3.武术教育的体制化

1956年，中国第一部《中小学体育教学大纲》（以下简称《大纲》）由教育部编订并颁布，《大纲》明确规定在学校教学体系中纳入武术这项教学内容。20世纪80年代后，学校体育教育对武术教学给予了进一步重视。1987年，《全日制小学体育教学大纲》明确规定将武术列为3—6年级的基本教材。1992年，第二次全国武术工作会议提出了对各级院校的武术教材进行编写的要求。

4.武术竞赛科学化

1953年，武术这一体育项目进入竞赛领域，主要标志是全国民族形式体育表演及竞赛大会的举行。1958年，我国第一部武术规则——《武术竞赛规则》由中国武术协会组织部分专家起草，这是武术比赛正规化发展的主要标志。1989年，国家体委将全国武术比赛改为全国武术锦标赛，并对赛事进行了一系列的改革，进一步促进了武术竞赛体制的完善。2003年，《武术（套路）竞赛规则》被修订，修订的目的在于申报奥运会项目。2012年，《武术套路竞赛规则与裁判法》出版并沿用至今。

目前来看，我国有丰富多样的武术竞赛项目，如地方性的、国家性的、洲际性的、世界性的等。由此可以看出，现代武术竞赛走向了可持续发展的轨道，其发展势头强劲。

5.武术发展的社会化与市场化

（1）武术运动具有丰富的内容和多样化的形式，且年龄、性别、时间、场地、器材等因素对武术的影响较小，因此在人民群众中广受欢迎，群众习武的积极性有了一定提高。此外，武术"段位制"的实行进一步规范了民间群众性的武术活动。

（2）随着经济的快速发展和人们思想观念的更新，武术的市场化发展水平得到了提高。当前，我国民间各地纷纷成立武馆、武校，并借此平台对以武术为主的经济产品进行开发，以此来发展地方经济。另外，我国武术市场在商业武术比赛的推动下得到了进一步开发。

6.武术发展的国际化

现代武术的国家化发展趋势日渐明显，这主要体现在两方面。第一，我国武术队外出走访他国,并进行各种巡演;第二,越来越多的世界级武术竞赛在我国举办。武术的国际化发展趋势有利于中华武术在全世界范围内的发扬光大。

第三节　中国武术的文化内涵

一、武术文化特色

(一)道德至上

社会和个人道德理想的实现历来都是受中国传统文化所提倡的。儒家和道家都将追求个人的自我完善看作实现生命价值的重要途径。中华民族素有"礼仪之邦"之称,因而在评价社会是否进步与发展中,可以将我国所创造的道德水准看作一个重要的标准。受我国道德文化发展的影响,武术经过不断发展形成了特色鲜明的道德要求和评价体系,其在武术文化中具有深刻的内涵。武德在我国武术中是非常重要的文化内涵,某种程度上而言,武德比武技还重要。"未曾学艺先学礼,未曾习武先习德"是我国习武的一项基本要求,这反映了武术传授过程中武德教化的重要性,也体现了"道德至上"的武术文化特色。

(二)务实精神和恒久意识

中国文化的精神是在我国千百年的农业生产和生活中铸就的,在这一过程中,中华民族特有的"务实精神和恒久意识"也逐渐形成。"重实际黜玄想"是中华文化的一个重要特征,其就是受这种精神和意识的影响而形成的。"一日练一日功，一日不练十日空""功到自然成"等是习武人常说的谚语，这体现了人们在习武过程中的恒久意识和态度，而这种态度的形成正是因为受到了"务实精神和恒久意识"文化特征的影响。

学习武术需要终生而为之，这体现了人们对武术最高境界的不懈追求。务实精神和恒久意识在武术家生活的一切行动上都有相应的反映，其中，务实精神在"拳不离手""拳练千遍，身法自然"中得到了淋漓尽致的体现。人们学习武术，不仅是为了学习技能，更是为了追求一种境界，因此习武者必须具备恒久意识才能达到他们所追求的境界。习武者将习武作为自己的一项责任与使命，将武技视为自己的生命，在"艺无止境"的感召下不懈追求与探索，体现了中华民族务实与恒久的精神。

（三）宗族中心

中华民族文化具有深厚的文化底蕴和丰富多样的流派，在众多的文化流派中，"宗族中心"这一文化特征无处不在。我国的家族观念很浓厚，在复杂的社会关系中，人们普遍将家族血缘关系看作第一位的。在漫长的历史时期，宗族中心的本位文化对中国人的人格特征造成了深刻的影响，尽孝传宗的文化理念就是在这一影响下逐渐产生的。但是，宗族中心的文化也对人们的行为造成了制约，人们的个性化发展逐渐被宗亲需求所替代。

"宗族中心"的文化特征同样影响了武术的发展，这也是武术没有形成类似西方体育项目统一化的根本原因。以姓氏为代表的拳种在武术中大量存在，如南拳中的蔡、李、佛；太极拳中的武、陈、吴、杨、孙等。根据相关史料记载发现，"传男不传女""有过习武经历者不传""外姓者不传"等习武规矩在武术发展初期就有。这些规矩对我国武术的广泛传播、普及和深远发展造成了严重的限制。

（四）崇尚权威

武术传授过程中。传授者享有绝对权威的地位。在对习练者的对错与好坏进行评价时，并非以相关的科学理论和技术体系为主，而重点是以人的评价为主,因此传授者拥有绝对的技术权威,久而久之,"崇尚古老与圣贤"的文化习俗、"门派隔绝"和"专制化"文化倾向在武术传授过程中就逐渐形成了。

二、武术与中国传统文化

(一)武术与兵家

武术与军事都具有攻防格斗的本质,这就决定了二者之间存在着同源之水、同本之木的关系。武术与军事之间相互渗透,相互促进,这不仅可以在技击术上体现出来,在战略战术等基本思想理论("知己知彼""兵之情主速""避其锐气,击其惰归"等)上也能够得到明显反映。在今天的战争和竞技武术竞赛中,这些基本思想和理论所起的指导作用也很关键。

古代有许多关于兵法的著作,其中最为重要的当属《孙子兵法》了,该著作所产生的影响力较其他著作而言也是最大的。《孙子兵法》中的军事文化博大精深,哲学思想极其深刻,其提出的军事见解也很杰出,对于促进军事科学的发展具有积极指导意义。不仅如此,在当前充满竞争的社会环境中,很多领域仍将《孙子兵法》中的一些见解作为本领域行为的基本思想准则。中华武术是在传统文化的土壤中产生的,《孙子兵法》是其技击战术思想的直接来源,与古代其他兵书相比而言,《孙子兵法》更多的是对思想理论进行深层的阐述,对战略策略进行重点探讨,其蕴含的哲理十分深刻。因此,不管是古代,还是当今,热爱军事文化或相关领域的人都将《孙子兵法》作为自己的首读之书,武术习练者同样如此。

(二)武术与美学

中华民族文化、艺术的独特神韵在武术中具有突出的表现,在集中了中华民族文化、艺术独特内涵的基础上,武术自身独特的艺术内涵也逐渐形成。作为一项体育运动,武术不仅包含了体育的精华,也拥有艺术的精华,其所拥有的艺术魅力是对"体育"本身的一种超越。

我国武术具有审美价值，在武术理论体系中，其基本审美特征和表现方式是非常重要的一部分内容。从武术的表现形式来看，其不仅具有外在美，还具有深层次的内在美。武术美学的多元表现之间是相互联系的，不同的美的要素相结合，就展示出了不同的美。武术的美既体现在整体上，也体现在局部上，前者如武术运动的浩大氛围，后者如武术运动举手投足的动作细节。武术运动中的每一个动作形式都体现了美的特质，运动形式美与中华民族的美学文化是相统一的。可以说，武术中的美是中华民族审美特征的总结与概括。武术中的美学特征与西方体育的审美体系、美学特征有很大的区别，这主要是因为不同国家体育的美学特征是在受本国传统文化的影响下形成的，我国与西方国家的传统文化存在差异，因而在体育方面所表现出的美学特色也各不相同。

突出的健身自卫价值与实用价值，使得武术经过几千年的发展仍可以绵延不衰，但武术传承至今不仅仅是因为其具有健身与实用价值，突出的美学价值也是其至今广受欢迎的一个主要原因。武术给人以美的享受，使人赏心悦目，人类美的情感能够因此而得到激发，武术具有运动美，同时具有深层次的修养美。

（三）武术与宗教

宗教能够综合体现人类社会中的文化观念、伦理观念以及社会观念。宗教是众多意识形态中的一种典型形式，其在很大程度上影响了武术的产生与发展。

1.武术与道教

对武术运动的发展具有影响的宗教有很多，其中，影响最为全面与深刻的当属我国土生土长的道教了。道家对武术的影响主要体现在两个层面，具体如下。

（1）从精神与理论层面来看，武术理论是在无为、贵柔、主静等道教思想的指导下逐渐形成与发展的。

（2）从技术层面来看，武术直接借鉴了道教中的服气、行气、导引、吐纳之术，如太极拳等内家拳种。

2.武术与佛教

武术与佛教之间也具有密切的联系，这在少林武术的发展中能够体现出来。佛教寺庙和僧侣集团是少林武术赖以存在的基础，这为其自身的发展提供了良好的外部条件。此外，少林武术武风、武德、武技的形成与发展离不开佛教精神、教义、戒律等的指导，少林武术与佛教之间的影响是相互的，少林武术独特的功能和影响有利于推动佛教的传播。

第四节　中国武术与多元学科理论的关系

中国武术文化是中华民族传统文化的重要组成部分，是中华民族传统体育文化的典型与精华。中国武术文化历经几千年的历史发展至今，与多元学科理论产生了密切联系，其在跨学科交叉与融合研究的背景下实现了更好发展。从多元学科视角研究中国武术的发展，突破了中国武术文化的传统研究视野，以一种更加开阔的视野从多个角度审视中国武术文化的过去、现在和未来。这种开阔性的研究有助于推动中国武术文化的拓展、延伸，实现武术文化共享，并为进一步完善中国武术理论体系及不断进行创新研究而提供科学指引。

一、文化学理论与武术文化的交叉

文化学是一门非常广泛的学科，主要研究人类众多文化现象，包含众多学科知识，如哲学、文学、美学、社会学和艺术学等。中国武术文化的发展与这些学科知识有着密切的联系，多元学科知识丰富了中国武术文化的内涵，并为武术研究提供了重要的学科理论基础。

（一）文化学基本理论

作为一门包含多学科知识的"大学科"，文化学主要研究与文化有关的现象及现象背后的本质。文化学包含丰富的理论与流派，形成了众多的流派与理论，如进化学派、历史学派、传播学派、功能学派、结构主义学派、认知人类学派及文化心理学派等都是文化学学科的重要理论内容。这些各种各样的学派均以文化为研究对象，以不同视角及采用不同方法展开研究，促进了文化学研究水平的提升，丰富了文化学理论体系。需要注意的是，这些学派中任何一个学派都无法将人类文化的所有现象、真理等探索出来，研究是无穷尽的，所以从任何一个学派视角出发进行研究都只是研究的一部分，而不能以偏概全，更不能肯定某一流派而否定其他学派。若要大概了解文化学科，就要对各个学派及其理论有基本的认知。下面简单分析具有代表性的传播学派和功能学派。

1.传播学派

以文化传播为主要研究对象的传播学派产生于19世纪末20世纪初，德国人类学家弗里德里希·拉策尔和李凯尔特是该学派的重要代表人物。文化学中"生存空间"这个概念就是由拉策尔提出的，这个概念指出了人类文化受到了地理环境的重大影响，各民族不同的地理环境造就了不同的民族文化。要缩小民族文化间的差异，需加强民族之间各方面的联系。在人类迁徙中出现文化传播的现象，各个民族因此而相互影响。李凯尔特认为，文化和自然相对立，文化没有普遍性的规律可言，它只是人类社会演进与发展中出现的个别现象。

传播学派对人类文化的研究与探索侧重于空间范围，试图从文化的冲突、交融、转移等方面来探索人类历史。传播学派理论指出，人类社会上产生的每一种文化现象都会向外传播，如果某种文化现象在各民族都有不同程度的传播，那么就会在民族间形成一个文化圈。不同文化现象基于客观联系而交叉传播、相互交融，从而产生新文化。

2.功能学派

在英国诞生的功能学派是文化学的重要组成部分之一，其以社会调查为主，英国人类学家马林诺夫斯基和拉德克里夫·布朗是该学派的主要代表人物。

（1）马林诺夫斯基的功能主义理论

马林诺夫斯基对文化功能主义积极倡导，注重对文化内部各个要素的属性、功能及其相互关系进行研究，他的学术观点与传播学派、进化学派等是相对立的，也就是说他对这些学派持反对态度。他认为，社会上留存下来的物质器具和社会思想都有一个共性，那就是能够使人类的生物需要和社会需要得到满足，这是物质和思想得以传播的前提。如果它们不具备这种效能，那么就不会在人类历史上延续下去。

马林诺夫斯基的功能主义理论较为丰富，他的观点基本都集中在《科学的文化理论》一书中，他在这本书中对功能理论的研究与总结是比较系统和全面的。

（2）拉德克里夫·布朗的结构功能主义

拉德克里夫·布朗对社会、文化及二者关系的研究是从整体上进行的，倡导整体把握，不赞同将某个文化因素提炼开来进行单独研究。布朗也注重研究社会结构，指出文化形成与发展是建立在一定社会结构基础上的。布朗在功能分析中集中时间和精力分析了社会结构，指出如果不对社会结构进行分析而只进行功能分析，那么无法保证功能分析结论的正确性。

布朗提出，人类对"文化"概念的运用要合理，不能滥用，并强调社会结构在文化研究中的基础作用，如果脱离这个基础，那么人类无法真正了解"文化"。而在社会体系的构建中认识文化因素在其中的地位、特征，则更有助于理解"文化"。正是由于布朗注重研究社会结构，所以其文化功能理论被称为结构功能主义理论。布朗在自己的文化功能理论中指出社会的车轮由文化"润滑"，社会秩序由文化支撑。我国传统宗法制就是一个很好的例子，宗法制一方面牢牢地将社会各个等级的人固定在本身位置上，另一方面伦理文化作为宗法制的衍生物对社会宗法制坚定地予以捍卫。

（二）中国武术文化的当代社会文化价值研究

中国武术是中华民族传统体育文化的重要项目与典型代表，中国武术文化与中华民族文化、中国地理环境、传统生产方式、社会休闲娱乐等因素都存在着密切关系。随着中华民族传统文化的繁荣发展，中国武术作为其中一个重要组成部分也逐渐形成了文化层面的发展模式，如文化传播、文化传承、文化交流与融合等。而随着中国武术文化的不断发展，有关学者不断深入研究武术文化，常见研究项目如下。

（1）中国武术产生的社会文化基础。

（2）非遗保护视角下武术文化遗产的保护。

（3）文化全球化背景下武术文化的传播与传承。文化全球化下的传承与发展。

（4）武术文化的民族认同。

（5）武术文化与国家文化软实力及国家形象的关系等。

概括而言，上述研究项目主要是研究与探讨中国武术文化的形成机制、文化价值及作用。但从研究结果来看，很多研究只是宽泛地揭示了武术文化的当代功能与价值，对武术文化负面影响的研究较少，缺乏对武术文化独具特色的价值形成机制的阐释。

在体育全球化和文化全球化背景下，中国武术文化的发展面临更加多元化和复杂化的环境，有时这种复杂多样的环境用现代研究方式很难准确诠释。在全球化语境下，要对与武术文化相关的时空因素、观念因素、社会生产因素、情感因素、民族因素以及价值观因素等诸多现实因素进行研究是有较大难度的，而且在研究中还要考虑这些因素的相互关系，如因果关系、逻辑关系，从而对武术文化发展的内在逻辑进行探究。基于这种全球性逻辑，强调武术文化的重要社会价值及其当代价值的发挥，并明确武术全球化的本质并非既定的，而是建构性的。在全球化的宏大背景下，武术的主体和价值都是多元的，武术项目丰富多样，武术文化也有不同的层次和类型，从而为人们参与武术运动和研究武术文化提供了多元的选择。

（三）中国武术文化的当代转型与发展

我们常常用源远流长、博大精深等词语来赞美中国武术文化，武术文化一直都处于动态发展中，广泛传播、传承延续，并与其他文化不断交汇与融合，武术文化的发展模式一直处于不断完善中。中国武术既有突出的民族性，也有新颖的时代性，民族性和时代性的矛盾一直以来都是客观存在的，而且永远不会了结。这不仅是武术文化的特征，也是其他体育项目文化的特征，是各国体育文化的共同特征，没有哪个国家的民族传统体育只在本国发展，而与外界绝缘，相反，都是在与国外体育文化不断交流、相互借鉴的基础上前进与完善的。

在社会转型背景下，随着武术文化现代化进程的加快，武术文化必须充分发挥自身为推动社会发展而服务的当代价值，只有服务于社会，才能更好地适应社会，满足社会发展的需要，在社会环境中长远流传与发展下去。不仅是武术文化，在现代社会转型背景下进行民族传统体育文化的相关研究，都应该重点研究它们的当代社会价值，这方面的研究有助于深入认识与理解人们从事体育运动的原因及方式等深刻问题。

我们要清楚地知道，在中国武术文化的发展中，如果一味强调传统，留恋过去，而对社会环境的变化全然不顾，那么武术文化在当代社会是难以生存的，会在发展中遇到重重危机，未来将一片漆黑。中国武术文化要发展，就必须考虑转型，而不是要去定型。因此学者们应该重点研究中国武术文化的转型问题，对中国武术文化的优势及当代价值进行挖掘与应用，从而使中国武术文化更好地立足社会、传播世界，与西方体育文化相抗衡。

当今社会一直强调民族文化复兴和民族文化大繁荣，因此武术文化的保护、传承与发展颇受政府和社会关注与重视。对中华武术文化进行弘扬与传播，最好的方式是将关于中华武术的知识、历史记忆深深刻在心里，只要有关于中国武术的思想和记忆，中国武术就不会被人遗忘。

二、社会学理论与武术文化的交叉

社会学是一门独立学科,产生于欧洲,时间为19世纪上半叶。社会学的产生与社会变迁有着必然联系,社会动荡与剧烈变迁导致社会运行秩序失调,社会学就是在这样一个环境下产生的,所以说它不是历史的偶然,而是社会必然产物。社会学有丰富的理论和多种流派,各个流派的观点有所不同。现代社会学与其他人文科学存在着密切的联系,相互渗透,并产生了一些分支社会学类型,如体育社会学。体育发展与社会学理论密切相关,中华武术作为体育项目之一,在其发展中也与社会学交叉联系,密不可分。下面具体从社会学理论视角出发,分析中国武术文化发展的相关社会问题。

(一)中国武术文化与社会各因素

从社会学的角度审视中国武术文化与社会各因素的关系,主要研究主题涉及下列几方面。

1.中国武术文化与政策

中国武术文化的发展受政策影响很大,不同历史时期国家关于武术的政策直接决定了武术在当时的发展水平。纵观中国武术的发展历史,如唐朝时期武举制的建立、明清时期的禁武政策、清代武举制的废除、晚清时期强国强种体育政策以及《中国武术发展五年规划(2016—2020年)》等,都给中国武术的发展带来了巨大影响。

2.中国武术文化与家庭

在中国武术文化的传承中,家庭或家族发挥了巨大作用,如太极拳形成了不同姓氏的流派,一些拳种只在家庭或家族内部以血缘关系为基础而传承,或以模拟血缘关系的师徒传承方式进行传承。

3.中国武术文化与经济

中国武术文化与经济的关系也很密切，比如古代流行的"穷文富武"的说法就反映了武术与经济的关系，武术发展在很大程度上受到经济影响。经济是武术发展的基本物质条件，武术文化的传播、传承、保护及发展都需要一定资金支持，如果经济落后，资金支持力度就很弱，就会严重影响武术的发展。有些地方虽然有丰富的武术资源，但因为经济落后而得不到传承与发展，从而走向消亡。

4.中国武术文化与教育

中国武术文化的传承发展与教育息息相关，武术之所以能够历经几千年历史而流传至今，教育功不可没。这里的教育既包括学校有组织的武术教学活动，也包括社会上的武术培训和民间习武。

（二）中国武术文化与社会组织

从社会学理论视角来看，组织社会生活包括多个主题，如社会化、社会结构与社会互动、大众传媒、族群认同、群体组织等。在武术文化研究中，这些主题为之提供了多样化的社会学视点与观点。从社会学角度出发而进行中国武术文化的研究，能够探索如下问题的答案。

（1）武术文化的产生有哪些社会动因？

（2）武术文化发展的方式与模式如何？

（3）武术文化的交融与社会结构之间存在什么样的关系？

人们对社会文化加以学习，将自己的社会性突显出来，使自己从生物人向社会人转变，这就是人的社会化，这个过程虽然复杂，但很有必要和意义。"学武之人必须先学做人"这句话广泛流传于武术界，这就涉及武术文化与社会的关系问题。在关于中国武术文化发展的社会化研究课题中，学者还可以对人们参与武术锻炼的过程、武术运动对人的影响等主题进行研究。

现代社会中代表性最强的群体组织当属社会组织。从社会学角度对中国武术文化进行研究，有必要对社会武术组织的结构、责任及其运行展开具体而深入的研究。例如，学者针对精武体育会、中央国术馆的组织问题进行了相关研究，分析这两个武术组织的地位及其对中国武术文化发展所产生的重要影响，并探讨精武体育会作为一个社团组织，为什么即使没有政府的财政支持也能壮大，并在国内外都产生巨大影响力。

在人类社会中，武术社团是具有特殊性的群体组织，这类组织以武术健身活动为主，独具特色，群众基础较为广泛，习武爱好者群体在中国武术界很有影响力。阐释这类社会组织的理论对人们正确认识与理解武术文化非常有用。

社会秩序稳定是社会正常运转、人类正常生活的前提条件。但现代社会变化剧烈，有诸多社会问题和较大的社会风险，为了避免不良社会问题与社会风险对人们的生活产生严重影响，需要建立与完善社会控制机制来解决问题、抑制风险。人们在参与武术运动的过程中也有可能做出违背公德的越轨行为，武术文化对这种越轨行为是支持还是反对，需要通过对武德与社会控制的关系进行分析来了解。中华儿女对传统哲学思想是普遍遵从的，这是武德形成的基础，习武者都应该有武德，武德能够对习武者的行为进行社会化软控制，使习武者的行为符合社会规范。时至今日，武德依然以其独特的价值而积极影响着现代人的道德素质。

（三）中国武术文化与社会不平等

关于中国武术文化与社会不平等的研究，常见的课题有社会阶层流动、年龄和性别分层、全球不平等，等等。不管在什么历史时期，地位差别在社会成员之间以及社会不同部分之间总是客观存在的，社会不平等主要就是由地位差别造成的。社会不平等也是社会发展的一个动力因素。我国学者在武术文化与社会不平等关系的研究中具体展开了如下课题研究。

（1）武术文化与经济不平等之间存在什么样的关系？
（2）社会不同阶层参与武术运动的方式与模式有什么不同？
（3）社会各阶层参与武术运动是否有利于实现阶层的提升？
（4）探讨一些武术拳种传男不传女、传内不传外的社会现象。
（5）尚武精神对女性习武者的影响等。

对上述课题进行分析研究，不仅有助于我们对武术文化中的不平等性及其产生根源有深入的认识，而且有助于人们在参与武术运动的过程中自我消化内心因为不平等而产生的消极心理，从而重新认识自己，肯定自己，提升自信。

（四）中国武术文化与社会变迁

社会是不断运动变化的，无论是宏观社会系统，还是具体的组成部分，都在不断变化发展中。因此对武术文化与社会变迁之间的关系进行探讨，应该立足于动态的视角，这有助于我们对武术文化的变化与发展规律产生更加全面且深刻的认识。

随着世界各国、各民族、各地区之间的联系越来越密切，人类进入了全球化时代，全球化是社会发展的必然结果。在全球化时代，不同国家与不同民族之间的文化壁垒被冲破，传统意义上的国家界限也被冲破，西方文化在全球传播开来，对各地传统文化造成了一定的冲击。在全球化背景下中华民族传统文化的生存困境十分艰难，在西方强势文化的冲击下武术文化该如何应对，这是一个非常重要的问题。

三、教育学理论与武术文化的交叉

近些年国家大力倡导中国传统文化教育，民族传统体育学科也逐渐建立，这促进了教育学理论在武术文化发展研究中的运用。教育学理论对发掘武术的教育内涵，构建科学的武术教育理论体系起到了积极作用。

（一）武术教学研究

武术教学理论与实践的研究是当前武术教育研究中成果最多、最活跃的一个分支。当前武术教学亟待研究的问题主要集中在以下几个方面。

第一章　中国武术基础理论与价值的科学认知

1.武术教学的目的研究

研究内容如下。

（1）为什么要学习武术。

（2）确定教学目的的依据是什么。

（3）教学目的中包含哪些内容。

（4）从武术教学目的的演变与发展中能得出什么规律和启示。

（5）如何发挥目的的指导作用。

（6）目的中知识、技能、能力、态度各个方面到底应分多少层次。

（7）检查教学目的的方式与方法等。

2.武术教学的方式方法研究

研究内容如下。

（1）武术教学方法有哪些。

（2）国内外各种体育教学模型的特征、教学思想、理论背景、应用范围、优劣势。

（3）如何合理评价武术教学过程。

（4）关于新的教学原理、教学方法、教学模式、教学手段的创造和应用的研究等。

3.武术教学的组织研究

研究内容如下。

（1）武术教学过程的实质是什么。

（2）在武术教学过程中如何贯彻各项教学原则。

（3）哪种教学组织形式更适合武术教学特点。

4.武术教学的最优化研究

研究内容如下。

（1）什么是最优化，如何达到最优化。

（2）如何评价最优化。

（3）总结因材施教的经验及提高武术教学质量的经验。

需要注意的是，武术教学研究不仅局限于学校内，随着国家和社会对武术传承的不断重视，人们习武热情也逐渐增加，通过参与武术活动进行身体锻炼的人越来越多，武术教学已由校园延伸到社会。因此，群众体育中的武术教育问题必然会成为一个研究热点。

（二）武术教师专业发展

教师专业结构的不断丰富与更新的过程或专业成长的过程就是所谓教师的专业发展。以往教育学界很长时间都没有关注教师专业发展的问题，直至20世纪80年代，教育学研究领域才出现关于教师专业发展的相关研究，到今天，不管是在国内教育研究领域，还是国外教育研究中，关于教师专业发展的研究已经成为一个热点。随后出现了各学科教师专业发展的相关研究，武术教师专业发展研究应运而生。

我国对教师专业发展的研究以教师专业发展路径、专业发展策略等内容为主，可见如何促进教师专业发展的问题受到了教育界及社会的广泛关注，这种关注是自上而下的。学者们在关于教师专业发展策略的研究中，往往从学科特点、师生特点等出发而提出培养教师的教育理念、提升教师的专业知识和技能素养以及锻炼教师的科研能力等一系列促进教师专业发展的策略，这些方面的研究成果对推动我国武术教师的专业发展具有重要的启发与指导价值。

然而，直接针对武术教师专业发展的研究较少，如较少有针对武术教师发展要求、培训机制、可持续发展模式等的研究，宽泛研究成果的实践应用价值不及针对性、具体化、专门化研究成果的实践应用价值强。总之，我国关于武术教师专业发展的研究缺乏坚实的基础，研究空间还很大，未来在专门化研究中，应着重围绕下列有重要研究价值的课题展开研究。

（1）如何使武术教师明确自己的角色定位，提升他们的自主发展意识。

（2）武术教师为适应社会发展需求和武术教学改革，应如何提升与完善自己的专业知识和技能素养。

（3）如何在武术教学改革中对专业教师的科研精神、科研能力、自我反思意识进行培养。

（4）如何建立促进武术教师专业发展的保障体系，如制度保障体系、物质保障体系等。

四、民族学理论与武术文化的交叉

民族学是集理论与应用于一体的一门科学，其主要研究对象为民族及民族文化。从民族学视角对民族进行研究时，全面考察民族这个具有整体性的族体，对民族的起源、发展、兴衰等过程进行研究，对各民族的生产力、生产关系等进行研究，可以说，民族学是以各民族发展规律为主要研究内容的一门社会科学。在民族体育的研究中，民族学这门学科的理论与学派为其提供了重要的理论依据与指导。从民族学视角展开关于中国武术文化的研究，能够为中国武术的研究与发展提供新的视野和广阔的空间。

（一）民族体育的民族学研究

当前，我国民族体育研究存在一些问题，如民族体育的定义不统一，研究对象不明确，研究任务完成质量较差，对我国民族体育学科的发展造成了严重影响。对此，应从民族学视角出发，以民族学理论为依据而研究民族体育的基本概念，确定民族体育的学科性质，明确民族体育的研究对象，完成相关研究任务，从而通过提供基本的民族学理论支撑来推动民族体育研究及其发展。

我国的民族学研究具有本土化，这是由中华民族的多民族构成特征所决定的。民族学本身起源于西方，其在中国社会发展中不断渗透、融合，从而改变了民族概念的内涵和外延，"民族"的含义已经不是西方民族学中所提出的含义了。因此运用民族学来研究民族体育，必须在中华民族的民族学语境下，结合中国国情而进行研究，主要对民族体育、民族传统体育、少数民族传统体育以及民俗民间体育进行研究，从而为完善民族体育学科体系提供坚实而重要的理论支撑。

（二）武术文化与民族发展

民族发展必然涉及民族问题，而民族问题是指各民族在国内外发展过程中出现的一些不良社会现象，这些现象对民族关系、民族发展以及民族成员的公共利益造成了不好的影响，有损于民族的发展。民族和国家建设之间有着重要联系，这个话题在我国民族学研究中很受重视，通过研究旨在对我国社会发展中的民族问题加以解决，促进中国社会健康持续发展。从民族学视角来研究中华武术，必须关注武术在国家建设中所处的地位、所具有的功能以及所起到的作用，从而通过发展武术文化而促进中华民族、国家和谐稳定发展。

中国武术文化中包含大量的中国传统文化，中国武术文化的产生、发展与中国传统宗教文化、道德文化、审美文化、哲学文化等都有着重要的联系，这些传统文化在中国武术的传承与发展中发挥了重要的作用，人们对武术中这些传统文化的认识与了解，有助于促进其民族文化认同感的树立与强化。为了充分发挥武术文化在国家建设中的作用，推动中国武术文化在新时代的持续发展，必须保证中国武术文化的发展方向与国家发展方向高度一致，充分发挥中国武术文化在促进民族团结和国家建设中的重要作用。

当前，国家的现代化建设成就卓著，这必然离不开民族融合、民族文化认同这些重要的基础条件。要加快国家现代化建设进程，维持国家稳定发展的良好局面，解决国家发展问题，实现国泰民安的目标，就必须加强各民族的交流与融合，强化民族认同感，营造良好的民族大环境。在中国化语境下基于民族学理论进行武术文化研究，可具体从不同视角来展开多元化的研究，包括对武术与宗教信仰、武术与民族意识、武术与民族文化认同、武术与民族文化国际传播、武术与国家建设等内容的研究，这些研究有助于我们深刻理解武术文化与民族发展的关系，有助于促进民族和谐与国家稳定发展。只有在中国特色社会主义建设战略规划中融入武术发展、民族体育发展的内容，才能使中国武术的时代价值充分彰显与发挥出来。

（三）武术文化的跨文化研究

不管是什么文化，其发展必然会受到其他文化的影响，同时也会对其他文化的发展产生影响，没有一种文化是完全封闭的。在文化全球化背景下，世界各国、各民族、各地区的文化频繁交流，文化全球化对各个国家和民族的文化都产生了重要影响。我国武术文化历史悠久，内容丰富多彩，对中国武术进行跨文化研究是文化全球化的客观要求，也是中国武术文化发展的必然要求。

在文化全球化背景下进行武术的跨文化研究，能够打破学科与区域的禁锢，使研究范围和空间更加广泛。在民族学视角下进行武术文化的跨文化研究，需要将民族学跨文化比较的方法运用其中，从多元理论视角进行文化研究，如文化相对论、文化进化论、文化传播论等视角，从而获得丰富的研究成果。此外，对中国武术文化进行跨文化研究，还能对比分析国内外武术项目的异同，进行比较研究。同时也能对比分析不同武术拳种或流派的异同及相互关系，为武术文化的融合与传播提供新的思路。

五、传播学理论与武术文化的交叉

传播学是一门研究人类一切传播行为、传播过程及其规律的科学。传播学为民族传统体育学科研究提供了重要的理论支撑，二者结合形成了新兴学科，即民族传统体育传播学。这个学科产生的时间虽然不长，但发展较快，学科特色非常鲜明，也有自身独特的研究领域。民族传统体育传播学的产生与发展，为中国武术文化传播提供了重要的理论指导。现在，互联网的普及与全面覆盖促进了大众传媒的迅速发展，大众化传播成为信息时代武术文化发展的重要渠道。中国武术的传播不同于西方竞技体育的传播，不仅要进行技术传播，而且要对技术动作背后的文化内涵进行传播。如果没有文化内涵，武术项目便黯然失色，但文化内涵的传播很难在现代媒体传播中实现，因此必须结合武术文化的独特性而探索特殊的传播与传承方式，这是武术传播研究中必须重视的一个课题。

（一）不同层面的武术传播者

传播学理论指出，在任何文化现象的传播过程中，始终以传播者为起点。作为传播活动的发起者，传播者以对要传播的信息收集、处理与传播为主要职责。武术传播者主要包括下列几种类型。

1.个人

个人层面的传播者是武术文化传播的重要主体，传播武术文化的个人有职业和业余之分。在农耕时代，政府认为武术在社会上流传会导致社会不安定，因而封禁武术，限制其发展。在这种情况下，职业拳师只能投身于其他行业，而在业余时间偷偷传授拳术，习武者学习武术也主要是在空闲时间完成，平时也以从事其他职业为主。因此，在传统社会背景下，武术以个人为传播主体，传播对象也是个人，武术在个体之间进行传播与传承。

2.组织

体育组织作为体育传播者，有不同的级别与类型，如国际体育组织、国家体育组织、行业体育组织、体育俱乐部、体育社团、体育协会等。近代以来才出现了组织一类的武术传播者，组织管理层面的传播是当时武术传播的主要渠道。武术组织中最具代表性的是1990年成立于北京的国际武术联合会，这个组织吸纳了诸多会员，发起了多项武术活动，促进了中国武术事业的发展，也推动了中国武术在国内外的传播。因此我们应注重培育组织一类的武术传播者。

3.媒介

大众传播媒体是现代社会中体育传播的主流方式。大众传媒和传统传媒相比，其优势在于打破时间和地域限制，随时随地进行广泛传播，将体育的魅力淋漓尽致地展现出来。新型传播媒体如电视、电影、无线网络等出现后，武术传播的范围更加广泛，内容更加丰富，加快了武术对外开放的步伐，使全世界都感受到武术的文化魅力。

（二）武术在媒体中的传播

近代时期，我国主要通过报纸、杂志来传播武术，如1921年精武总会创办的《中央杂志》、1934年中央国术馆创办的《国术旬刊》等，这些媒介有力促进了中国武术的传播与推广。随着无线电技术、广播、电视的产生，社会信息交流方式发生了革命性变革。因此武术传播也顺应潮流，呈现出专业化、国际化的传播趋势。在新时代，随着互联网的普及，人类信息的传播方式和传播习惯发生了巨大的改变，武术传播方式也因此而发生了翻天覆地的变化。在互联网传播媒介的支持下，武术文化信息在全球各个角落即时共享，人类能够以最快的速度获取武术信息。

电视、互联网等新兴传播媒体的出现，对传统传播方式造成了极大的冲击，武术的师徒传承方式严重受挫。我们必须承认互联网技术的兴起与运用确实推动了武术的国际国内传播，提升了武术传播效率和传播效果，武术爱好者可以在互联网上搜索武术知识、图片和视频来学习与欣赏，这种学习是随时随地的，是没有时空限制的，因而极大地提升了武术的社会影响力。但武术文化的内容远远不止网络上的那些文字、图片和视频，它富含深厚的文化底蕴，丰富的文化内涵，这些文化信息是很难通过听和看而直观感知的。所以依托互联网的屏幕传播方式并不是万能的，还是要靠口传身授来传播武术文化。如果我们只靠互联网来学习一些拳术，那么学到的可能只是一些皮毛，而只有面对面教学，口传身授，耳提面命，才能真正体会武术的魅力，感受武术的博大精深，学到武术的精髓。

第五节　中国武术的健康价值与教育价值

一、中国武术的健康价值

武术的健康价值主要体现强身健体、提升人体抵抗力、缓解身心压力等方面。无数人通过实践证明了武术的健身功效，武术运动参与者一致认为，武术运动具有外健体格、内修养心的功能价值，健身气功、太极拳等项目尤其如此，亚健康人群在武术健身锻炼中将这些项目作为首选。武术讲求完整性，要求内外统一，强调外部身体练习与内在精神的协调配合，从而在锻炼体质的同时促进内部循环机制的优化，而且通过培养武德，还能使人心态平和，使人的精神面貌得到改善。此外，人们在武术健身锻炼中，对物质追求的欲望会慢慢下降，心理状态得到良好的调节，保持积极向上的健康心态，这样就不会因为理想和现实的差距而忧心忡忡，很好地避免了心理失调。所以说，传统武术的健身价值不仅保证了人们的健康和良好的心态，还给人们的生活增添了乐趣，综合这些就能看到武术的延年益寿效果。

总之，现代社会中，武术更多的是作为人们祛病防病、强身健体、修心养性、延年益寿的一种手段而存在，保障人的身心健康协调发展。这充分体现了武术的核心价值已从技击价值转变为健身功能。

二、中国武术的教育价值

（一）提升意志品质

武术不仅可以强壮体魄，提高人体的健康水平，同时还对培养顽强的意志品质具有重要的促进作用。从开始学习武术到具备一定的技能水平，整个过程几乎无时无刻不在考验练习者的意志品质。和学习其他传统技艺一样,刚起步的时候都是从苦练基本功开始,而且传统技艺的训练方式是相对单调和枯燥的,它是通过用一种极为严苛的方式来训练初学者,这对于很多人来讲都是一种巨大考验,需要学习者具有明确的学习动机和坚韧的品质,才能熬过最初的各种疼痛和不适。在进入套路的学习时,也常常以一遍遍地重复某一动作为练习内容,同时还要忍受住练习时各种拍、打、摔等动作带来的疼痛感,这些都是在挑战练习者的意志品质。但是,通过一次次克服恐惧、迎难而上并取得进步时,也达到磨炼意志的效果,并培养了练习者勇敢顽强、积极进取的精神气质。

(二)提高道德素质

武术文化中讲究"文以评心,武以观德",这显示出武术文化对武德格外重视。无论是哪个流派对习武者的道德修养都有非常高的要求,甚至认为武德的重要性要高于武艺,因此自古武术文化中都非常重视对武德的教育。习武之人追求"扬善惩恶"的道德观念,至今民间仍流传着古时为弱势百姓主持正义的侠客的传说和佳话。因此,武术自古就有很高的道德声望,并且让后来的学习者也自觉以较高的道德标准要求自己。

武术运动中隐含着很多重要的道德要求,它潜移默化地塑造着习武之人的内在品质和心理素质。习武之人讲究"一身正气",是指接受武术训练或武术文化教养的人,应该由内而外地散发着正直、正派和正义的精神面貌。这其实就意味着武德的教育并非仅仅是意识层面的教诲,而是对人的行为举止、身体姿态,甚至神情面容都有具体要求。因此,武术对人的道德教育是渗透到武术训练之中的,只有对武术文化底蕴进行深入挖掘与研究,才能客观、全面地认识武术的教育意义。

(三)加强民族团结

武术作为传统文化的一种,也是民间进行交流和沟通的重要途径。中国是一个多民族组成的国家,不同民族、不同地域的人们有不同的语言和生活习惯，也由此产生不同的审美意识和风俗习惯。各个民族在交往和交流过程中，武术发挥了跨语言交流的重要功能。我国的武术推崇侠义正气、扶弱济贫，这背后的正义、担当、勇敢的高尚道德情操是一种普世价值观，它可以跨越任何地域或语言的阻隔，让各民族人民紧密地团结起来，加强民族凝聚力与认同感。

第六节　中国武术的当代价值

武术文化蕴含着丰厚的人文价值，带给后人无穷的滋养。然而这些文化价值在不同的时代又有不同的侧重和不同的含义。在当代语境下，武术的伸张正义、厚德载物、自强不息等依然发挥着重要的价值导向作用，与此同时，还有一些新的当代价值需要进一步挖掘和明晰。总之，武术文化的当代价值可包含以下几个方面。

一、自强不息

自强不息、厚德载物，这是武术最深层、最根本的精神追求。自强是指对自己的要求，它要求习武者要积极向上，强调个人是命运的主宰，鼓励人们通过自己的努力和拼搏使自己变得更强大，从而改变命运。在古代，人们也把习武当作一种培养和教育儿童的重要途径。通过在年纪较小的时候学习武术，可以很好地培养儿童和青少年养成刻苦拼搏、自强不息的性格品质。因为习武是一件异常艰苦的活动，为了练就过人的本领，习武者往往通过增加训练难度来挑战自身的弱点和惰性。比如，过去的练功者讲究"夏练三伏、冬练三九"，就是试图用最艰苦的条件来磨炼习武者的意志，从而造就和培养练功之人的强大耐力和过人的武功。

其实，无论是古代社会还是当代社会，自强不息都是永恒不变的生存智慧，每个人都应该始终铭记在心。通过武术的弘扬和强调，相信这种自强不息的精神追求会起到很好的教育作用。

二、厚德载物

厚德载物是武术修炼对道德的高度重视和对习武者的严厉要求。它要求习武者首先要具备高尚的道德情操，之后才能有承载万物的能力和修养。一个人的武德决定着他的武术所能达到的最高境界。《道德经》中有"上善若水，水利万物而不争"。这也正是武术的至高境界，虽然武术表现为一种格斗搏杀形式，然而其内在的价值追求却是不争，这是对道德修养的极高要求，并非武术高强就能达到这样的水准。因此，几千年来"自强不息、厚德载物"一直是武术所提倡的价值追求，是武术很好地融合了传统文化精髓的重要体现，同时，通过武术这一特殊的活动形式，将我国传统文化中优秀的价值观念和道德追求进行广泛的传播和普及。

人们对美好道德的追求是可以跨越时间和空间的，厚德载物是古老的中华文化对高尚道德情操最质朴的追求，在当代，它对创建文明社会仍然发挥着极为重要的作用。

三、和谐发展

和谐发展是武术文化的内在特点，反映了中华民族独特的思维模式和价值取向。和谐思想是中华传统文化的核心思想，在方方面面都发挥着重要的指导作用。同样地，和谐的价值观在武术发展过程中也不断地被提及和强调。它提倡习武者自身的和谐、人与人之间的和谐以及人与自然之间的和谐。另外，武术讲究内外兼修，讲究武技和武德的相伴相生，同样是提倡和谐发展的重要体现。在《少林七十二艺练法》中，秒兴大师曾提到技击之道尚德不尚力，就是讲求武德与武术需要和谐与平衡发展。另外，传统的武术文化还讲究身体和精神应时刻处于和谐之中，比如形意拳要求外三合和内三合，太极拳要求上下相随、不丢环顶等，这些无不体现着武术对和谐发展的重视。和谐发展的思想对当今社会以及个人的健康发展，同样起着重要的指导作用。

四、以武入道

以武入道是指我国武术文化中对人生观、价值观的折射，从而对广大人民产生潜移默化的影响。所谓的道就是万事万物的发生发展所遵从的最质朴、最核心的自然法则，它是客观存在的至高原理，是不会以人的意志和喜好而发生转移的。武术文化其实是融合吸取了中华传统文化中许多文化精髓，并根据自身的发展需要进行合理的融合和阐释。一方面，这提高了武术文化的文化高度，另一方面，也令优秀的传统文化得到继承与发扬。在当代，对武术文化的弘扬其实也是对其所承载的"道"的弘扬，人们追求真理、尊重自然是属于任何时代的主流价值观念，永远不会过时。

第二章　中国武术的传承与发展

武术是中华民族传统体育文化的典型代表，传承与发展优秀的武术文化，能够提升民族自信，弘扬传统文化，并能够为其他传统体育项目的传承与发展提供借鉴，推动民族传统体育文化的整体发展。本章着重对中国武术的传承与发展进行研究，研究内容包括中国武术的传承要素、传承现状与困境、传承策略以及现代化传承与发展路径。

第一节　中国武术的传承要素

一、武术传承者

（一）武术传承者的概念

武术的传承者是非常重要的武术传承主体，是武术传授者和武术继承者的统称。有学者指出，"武术传承者应当是能熟练掌握国家或者地方政府认定的武术非遗项目，并在武术领域有较大影响力，为公众所认同，并能积极开展武术传承活动的个体"。[①]

武术文化之所以能够传承与延续下来，主要就是因为有传授者的持续输出和继承者的不断接续。有"传"就有"承"，可以一对一传承、一对多传承，也可以多对多传承或多对一传承，传承方式丰富多样。古代时期武术的传承方式以师徒传承或血缘传承为主，由父兄、师者或尊长向后辈传授武术。随着历史的变迁与社会的发展，传统单一的师徒传承、血缘传承等传承方式受到冲击，传承内容与传承方式都呈现出多元化的趋势。但不管是单一传承方式，还是多元传承方式，始终离不开传承者的主体作用，传承者是武术传承发展的活态载体，是武术文化持续发展的关键因素。

（二）武术传承者的分类

从传承者的法律界定来看，传承者有两种类型，一种是代表性传承者，也就是专业传承者；另一种是普通传承者，也就是业余传承者。下面简单介绍这两类武术传承者。

---

① 任宏庆.中国武术传承与发展策略研究[D].曲阜：曲阜师范大学，2014.

1.代表性传承者

代表性传承者包括四个层级，分别是国家级传承者、省级传承者、市级传承者以及县级传承者，这四个级别的代表性传承者是经过文化部门认定的专业传承者。

武术代表性传承者是狭义层面的武术传承者，认定这类传承者的主体必须是政府有关部门。武术代表性传承者引领武术文化传承，尽可能将武术非遗项目的文化价值完整保留下来，并且发挥自身智力和创造力而对武术文化的其他价值进行开发运用，这是代表性传承者的重要价值体现。

2.普通传承者

普通传承者指的是对武术知识、技艺有一定的掌握，对武术传播与传承起到积极促进作用的传承者，这是广义层面的武术传承者，它的定义范围非常广，包含所有对武术传承做出贡献的个体。

在武术传承活动中，普通传承者是主要动力来源。普通传承者数量较多，因此拓展了武术传承活动的范围。

武术的传承既需要代表性传承者进行专业性传承，也需要普通传承者在业余时间进行广泛传承，只有二者共同发挥作用，才能真正对武术传承与发展起到积极促进作用。

（三）武术传承者的培养

1.培养原则

（1）整体性原则

武术传承者培养的整体性原则包含下列几方面的含义。

第一，武术传承者的培养方式必须科学有效，在培养中传播武术蕴含的文化精髓，实现外在培养方式与内在吸收的有机结合。

第二，在武术传承者的培养中坚持认知因素与非认知因素的有机结合与相互统一，其中认知因素包含武术知识和相关智能因素，在传承者培养中要使培养对象掌握基本知识，形成相应的智能。非认知因素是指培养对象学习与传承武术的兴趣、态度等，将认知因素与非认知因素有机结合起来，有助于提高传承者的综合素质。

第三,将与武术传承者培养相关的各要素整合起来,构建与完善传承者培养的结构体系,对各要素之间的关系进行有机调节,保证培养工作的顺利开展。

(2)因材施教原则

武术传承的不断发展对武术传承者的培养提出了新的要求,为了适应与满足新要求,应该对传统的单一师徒制武术人才培养方式进行改革,建立新的师生关系,针对培养对象的实际情况而进行因材施教,突出培养的针对性,提升培养的实效性,从而通过科学培养而使培养对象形成正确的武术观、传承观,使其将武术知识、技能牢牢掌握好,为将来成为优秀的武术传承者而奠定基础。

(3)有序性原则

武术有很多复杂的拳法和套路,对这些复杂内容的传承必须有步骤、有次序,循序渐进,所以培养武术传承者也要贯彻有序性原则,先进行基本动作和基本功的传授,再进行组合动作和套路动作的传授,如果不坚持有序性原则,则被培养者的记忆就容易混乱,从而影响培养效果,影响武术的未来传承。

(4)乐学原则

在教育教学和人才培养中,主动学习的效率远远高于被动学习的效率。因此在武术传承者的培养中,必须对培养对象的习武热情和创造热情进行激发,启发培养对象的思维,打破传统思维的禁锢,提升培养对象学习的积极主动性和持久兴趣,使培养对象进行具有创造性的学习和传承。

(5)重复原则

武术的学习和传承是永无止境的,并不是说只要学会武术技能就可以了,学会只是个开始,是最基本的条件,而只有在学会的基础上坚持不懈地反复练习,才能真正掌握武术的精髓,理解武术的本质,达到形与神、内与外、静与动的统一,如此才算是真正学有所成。因此在武术传承者的培养中必须坚持重复练习的原则,培养被培育者坚持不懈的精神和坚韧不拔的毅力。

(6)调整原则

在武术文化传承中,反馈调节是非常重要的一个环节,习武中一招一式

第二章　中国武术的传承与发展

都有严格标准，只有符合标准的动作才有武术的韵味，否则就是花拳绣腿。因此在武术传承者培养中必须重视反馈，根据反馈而调整培养方式，优化培养体系，优化培养效果，最终使武术文化传承的完整性与实用性有所保障。

2.培养方式

（1）创办武校

创办武术学校是培养武术传承者的重要方式之一，武校的教学内容既有文化课内容，也有专业课内容，要将二者有机结合起来。这样既不会使学生落下文化课，又不会影响武术学习效果，文化课学习和武术学习互不冲突，有利于同时提升学生的文化知识素养和武术技能水平，也能培养学生坚韧的意志品质和积极的学习态度，而这正是武术传承者应该具备的品质。

武校办学育人的理念是正确的，文化课和武术课的比例旗鼓相当，根据社会需要和武术传承发展需要而对相关课程内容进行设置与调整，使学生既能像普通学校的同龄学生一样学习文化知识，又能掌握武术文化知识和武术技能，成为中国武术文化传承者的接班人。

（2）构建职业体系

在武术传承者的培养方式中，学校教育是最基本和最常见的一种，学校教育在培养传承者方面有自身独特的优势，发挥着巨大的作用，但与此同时也存在不足，如教育内容范围狭窄，教学效果缺乏延续性，等等，因此有必要通过构建职业体系而弥补学校教育的不足。构建职业体系就要健全武术段位的审核机制，提升武术传承者的专业水平，提升各级培养单位的培养效果。现阶段我国武术段位的考核机制存在漏洞，针对性不强，因此武术专家应与有关部门共同完善这一机制，构建职业体系，为武术文化传承者的培养提供科学的依据。

（3）开展社会培训

在信息时代，信息传播方式丰富而便捷，依托先进的信息化手段、自媒体手段而开展社会武术培训，能够提升培训的效率和效果，提升武术传承者培养对象的专业素养。新兴培训方式能够给人们呈现出形象而直观的图片、视频，这比纯文字的传统传播方式更为丰富、有趣，大大提升了武术传承者培养对象的学习兴趣与效率。

（四）武术传承者的认定

1.调查

武术传承者普查是武术传承者认定和传承者保护的第一环节。中国武术有众多拳种，每个拳种都有自身的独特性，一些较为成熟的拳种拥有科学而清晰的拳理，有独特的风格，自成体系，在人类历史上广泛而有序地流传。武术的每个项目都是人类历史智慧的结晶与创新的成果，非常宝贵，因此必须重视它们的传承，加强对优秀传承主体的培育。我们要树立全局观，对武术传承者的基本情况有准确而全面的了解，对武术传承者的档案进行建立，并不断更新与完善信息，从整体上保护传承者，避免仅有少数优秀拳种的传承者受到保护，而其他冷门拳种的传承者被国家和社会所忽视。保护武术传承者，首先要展开调查工作，各级武术管理部门、民间武术组织都要积极参与这项工作，而且要求武术专家积极协作，从而使传承者普查工作更加科学、全面。

为保证武术传承的延续性，促进武术的可持续发展，在武术传承者普查中要将传承谱系、传承链理清，了解传承者具体对哪些技艺进行了传承，传承者为传承武术文化做出了哪些创举，等等。在普查工作的具体开展中，要先明确调查对象，然后采访传承者本人及其同行，展开多方面调查，将他们的代表作和主要贡献记录下来，并以文字、录像等方式真实而详细地记录他们所传承的武术技术。

2.认定

国家文化部门负责武术传承者的认定工作，在认定过程中体育部门也会向文化部门提供辅助。我国国家级非遗代表性传承者要符合下列条件才有可能得到官方认定。

第一，对国家级非遗项目有所掌握并予以承续。

第二，其在一定领域或区域具有重要的代表性和广泛的影响力，并得到该领域或区域相关人员的一致认可。

第三，对非遗传承活动积极开展，对非遗传承的后备人才进行培养。

参考非遗传承者应具备的几个条件，我们可以认定武术传承者，主要判断其是否具备如下几条标准。

第一，对某个武术项目的技术理论有系统而全面的掌握。

第二，在某个武术项目领域的权威性很高，影响力很大，其作为该领域的杰出代表得到了大家的公认。

第三，对某个武术项目的传承谱系十分清晰，热爱传承事业，对传承工作高度负责。

需要注意的是，如果武术传承者的候选者符合上述标准与条件，但对自己所掌握的武术技艺秘而不宣，"据为己有"，那么国家文化部门便不能认定其为代表性武术文化传承者。

3.建档

国家文化部门认定武术传承者的身份后，各地武术管理部门对传承者数字档案统一建立，传承者的基本个人信息、持有的武术影像资料、优秀作品、掌握的传承谱系以及取得的传承业绩等都会被统计到数字档案中。建立传承者档案后，向上级部门报备，国家武术管理中心根据各地报备而进行备案，从而对武术传承者进行统一而规范的管理。

为武术传承者建立数字档案具有以下几方面的优势与作用。

（1）不占用物理空间，可以使图文声像与数字信息实现方便灵活的双向转换。

（2）便于编辑和修改资料，也可随时增补信息或删除信息，可以进行档案备份，以防文件损坏。

（3）网络传输快捷、高效。

（4）检索、调用档案信息十分方便、迅速。

（5）为明确传承者的责任与权利、对传承者进行统一指导和督导而奠定基础。

4.命名

经过上面三个步骤之后，向县级以上武术管理部门提供关于筛选出来的与认定标准和条件相符的传承者基本材料，同时也要对认定对象的习武或传承经历、能够证明其技艺水平的相关材料、代表性传承者申请资料等予以提供。县级以上武术管理部门接收材料后向上级武术管理部门（省级）报送，然后上级再向国家武术管理中心报送。负责接收地方武术传承者申报材料的国家武术管理社会部组织武术保护委员会的专家进行严格审核，然后再向国家文化部门报送。国家文化部门将经过严格筛选和层层审核后符合标准的传承者命名为"武术代表传承人"，最后得到国家文化部门认定的武术代表性传承人名单由国家武术管理部门对外公示。

二、武术传承方式

（一）传承途径

武术文化的传承具体包括下列几种具体形式。

1.家族传承

家族传承以家族为基础进行传承，血脉相同的家族是基本的传承单位。在武术家族传承过程中，传授者一般是家族中的长辈，承续者为有相同血脉的晚辈，如父（传）—子（受）、子（传）—孙（受）等。

2.师徒传承

师徒传承是武术民间传承中最为典型的一种形式，也是古代武术传承最主要的方式。这种传承方式中的拜师环节是非常有仪式性的，师傅传授、徒弟承续，它虽然与家族血缘传承不同，但也是一种模拟血缘的传承方式，武术界流传的"一日为师，终身为父"，恰好说明了师徒传承具有模拟血缘的特点。

3.民间典籍传承

民间典籍传承是以武术相关典籍为载体来传承武术文化，这种传承方式直接关系着文化学术的发展。保存历史典籍、传播典籍内容，不仅有助于传承武术文化，还有助于积累与保存博大精深的中华民族传统文化，实现传统文化的再创，推动传统文化的广泛传播。

4.地缘传承

以地理位置上的联系为基础而形成的各种关系就是地缘。一定地域内的人在性格、心理、行为等方面具有相似性，以此为基础而进行武术传承，能够使该区域内人们对武术文化的兴趣、态度受到很大的影响，在一定区域内形成良好的习武氛围。

5.节日传承

节日传承作为民间传承的常见方式之一，其最大的特点是自发性，在特定环境中，依托传统仪式、礼仪等载体而传承武术文化，将武术融入民间传统节日文化中，使群众在武术运动中表达自己的思想、信仰，使武术成为民间节日活动中的重要部分之一。

6.学校教育传承

在近代时期出现了武术文化学校教育传承的新方式，这种传承方式在新时代进一步快速发展，逐渐成为武术传承的主要途径之一。学校教育特别是高等教育对传承武术文化具有重要的意义和价值。

（二）具体传承手段

在武术文化的具体传承过程中常常采用下列三种手段。

1.观念影响

观念影响主要包含下列两个层面的含义。

（1）宏观层面

传统武德及武术界的风气对习武者观念上的影响。

（2）微观层面

师父向徒弟传授道德观念，方式有以身作则、启发、训诫等。

2.口传心授

口传心授是武术传承中最常见的一种手段，口传和心授各有侧重。

（1）口传

口传以表象传承为主，侧重于外在的模仿与练习。

（2）心授

心授以内心感悟为主，侧重于内隐性的启发，即只可意会而不可言传。

3.身体示范

这是面对面、手把手传授武术技能的一种传承手段，是武术文化延续的重要方式，通过外在的身体活动将武术的哲理韵味、传统文化内涵展现得淋漓尽致。

三、武术传承环境

（一）武术传承空间

1.武术传承空间的概念

传承空间也被称为"传承场"或"传承场域"，武术的传承空间指的是武术文化萌芽、栖息和发展的系统空间，是武术传承的重要基础和前提。学界关于传承空间结构要素的研究主要有两种观点：一种认为传承空间由自然环境和社会环境这两类要素构成；另一种认为传承空间由自然场、思维场及社会场这三类要素构成。不管是哪种文化的传承，其传承空间都是特定的，武术的传承也有其特定的传承空间。

2.武术传承空间的特点

武术传承空间具有下列几个鲜明的特征。

（1）地域性

所有事物的产生与发展都可归因于特定的地域文化环境，这是环境决定论的一个基本观念。武术包含多个拳种流派，各个流派的形成与发展都与其生存环境息息相关，如形意拳孕育于晋商文化中，太极拳发端于焦作地区的道文化中。这充分体现了武术文化生存与传承空间的地域性。

（2）场域性

一直以来，武术文化都是借助于特定的文化场域，如固定的山川、村落和定期展演的庙会、节庆活动等而不断传承。传统的师徒传承方式较为私密，而且主要是一对一的个体传授形式，近代以来，随着武术教育传承方式的出现，公开的集体传授逐渐替代了私密的师徒传承。随着传承方式的转变，武术传承有了丰富的场域，如学校、武术俱乐部、社会武术培训机构等，在不同文化场域下开展武术传承活动，传承的内容与形式有一定的差异。

（3）活态性

武术文化在几千年的传承历史中彰显出顽强的生命力和生动的"活性"，这就是武术文化传承空间的活态性。要想在武术传承中展现武术丰满、生动、立体的一面，就必须进行活态性的传承。如果忽视了传承的活态性，只依靠书籍、博物馆、影像资料等物质载体进行传承，那么虽然完整保存了武术内容，但达不到深度传承的效果。而只有进行活态传承，才可以在完整保护的基础上进行深层次的传承。可以说，武术文化流传至今的根本原因就在于活态传承。

（4）整体性

经过几千年的发展，中国武术的文化属性已经定型，武术的文化性从三个层面体现出来，分别是物质层、制度层以及精神层，其中物质层分布在最外层，制度层位于中间层，精神层是核心层。三者相辅相成，共同构成了武术文化的整体性。武术文化本身就具有整体性，这就决定了武术文化的传承及传承的文化空间也具有整体性。

有学者指出，武术传承空间的整体性具体包含下列四个方面的内容。

①武术文化本身。

②武术文化的外在表现形式。

③武术文化的表达主体。

④武术文化的传承场域。

（5）传承性

非遗理论指出，武术文化空间的传承性与武术文化本身的传承性如出一辙，我们要用辩证思维对武术文化空间的传承性进行研究。需要说明的是，武术文化传承并不是不加选择地将所有的武术文化内容继承下来，而是在已有武术文化成果的基础上继承优秀文化，摒弃糟粕，改进不恰当的内容，适当增量或删减。武术文化传承既有可变性，也有不变性，前者主要从武术物质层面体现出来，后者主要从武术精神层面体现出来。

（二）武术主要传承环境

1.传承单位

武术的传承单位一般可以分为两种，即精英传承单位和普通传承单位，"代表性传承单位"就属于精英传承单位。并非所有的非物质文化遗产保护单位都可以成为传承单位，其必须同时符合以下几个条件。

首先，以弘扬和保护武术为基本宗旨，经常对一些武术活动（比赛、表演等）进行组织与举办。

其次，传承单位中必须有若干武术传承者，而且这些传承者必须在学术研究和技理传播等方面有突出贡献，且对于相关传承活动一定是积极参与的。

再次，储备了丰富的与武术相关的原始资料和实物，在科学研究及科学探索方面拥有较高的水平。

最后，在一定范围内得到了具有代表性的公共认可。

2.传承基地

传承与保护武术需要充分发挥传承基地的作用，传承基地有多种具体类型，其中最为简单的一种便是学校，利用这一传承基地进行武术传承最易见效。武术运动于2007年被列为中小学体育课程必修内容，尽管这对于促进武术教育的普及起到了积极作用，但这不是培养武术传承人的最好方式。这主要是由于学校教育对于任何人而言都只是人生中的一部分，人们并不是终身都在学校接受教育，因此一旦学生离开学校这一传承基地，而且从事武术之外的职业的话，武术也就难以继续得到传承。这也体现了学校这一武术传承基地的不足。

在确立武术传承基地的过程中，可以以传承单位为核心，适当进行对外延伸。例如，某校的武术系是传承单位，此学校可以向有关部门提出将本校作为传承基地的申请。在传承单位的基础上进一步发挥传承基地的作用，更有利于对武术进一步弘扬与有效传承。

3.文化生态保护区

武术文化中涉及一些人、物、环境，对这些要素进行整体保护就需要发挥武术文化生态保护区的作用了，武术文化生态保护区是一种非常重要的武术文化传承环境类型，与武术相关的活动场地、人群、社区、文化以及环境等都在该保护区的保护范围内。因为武术文化生态保护区需要保护的对象涉及方方面面，因此在保护过程中面临着较多的问题和困难，目前我国还在探索如何更好地利用这一传承环境类型，来对武术进行有效的保护与传承。

四、武术传承管理

（一）武术传承管理机制

1.组织机制

国家武术运动管理中心作为武术行政管理部门，代表国家体育总局行使武术管理职能，负责指导、监督武术宏观管理工作；中心下设的社会部专门负责全国武术工作，负责管理全国武术拳种传承人保护的工作。根据传承人保护管理的需要，在这个部门下面设置有办公室、财政部、宣传部、监督部四个部门，各个部门分工不同，各司其职，协同配合。[1]

---

[1] 胡继云.武术拳种传承人保护机制研究[D].开封：河南大学，2010.

政府体育管理部门又分为全国、省（自治区、直辖市）、市（地）、区（县）四级，具有不同的管辖权。地方对武术传承人的保护由各省体育局武术管理中心来具体执行。

2.投入机制

在武术传承的管理中，必然要投入一定的资金来开展管理工作，资金投入机制是传承管理的基本机制，是传承与保护传承武术文化的基本前提条件，因此，建立稳定可靠的资金投入机制很重要，该机制的建立主要由国家武术管理部门发起，同时要调动地方政府及文化行政部门配合的积极性，使不同类型及层次的组织机构相互补充。

建立武术传承的投入机制，要做好如下几个方面工作。

第一，充分发挥国家武术管理部门的主导作用，建立四级经费投入配套机制，包括国家体育总局、省体育局、市体育局、县体育局，该机制必须是明确的、可量化的，通过建立该机制，使武术传承管理的经费来源更稳定、可靠，解决武术传承、保护的经费问题。

第二，武术管理部门可以建立传承与保护武术的专项基金，使传承与保护过程中有更多的资金流入管理部门。

第三，在武术传承与保护中引进市场机制，如创办武林大会，举办武术职业联赛，由政府领导，出台制度规定，完善相关规则，促进武术俱乐部及武术联赛的顺利运作，增加武术经济效益，从而为进一步传承与保护武术而开辟更多的筹资渠道。

3.激励机制

需要层次理论指出，动机是引起人类行为的源头，而动机的产生主要源于人们自身生存与发展的内在需要，其中包括能够将人们的工作积极性和主动性激发出来的"满足自尊需要"。武术传承者是特殊的社会群体，我们要站在民族文化繁荣发展的高度对其职业和贡献进行新的审视，为这类群体提供基本的社会保障，满足其基本的物质生活需求，并从精神上给予肯定，如官方认定、荣誉称号的授予和奖章的颁发等。此外，应由专门人员对武术传承者的生活情况进行动态记录，了解他们的生活难题，给予必要的帮助。国

第二章　中国武术的传承与发展

家举办的重大武术活动应该邀请代表性传承者参加，使他们亮相新闻媒体发布会，向全国人民介绍某个武术拳种。此外，对于有突出贡献的武术传承者，应该专门开展表彰大会，授予荣誉称号，肯定他们的价值，使他们感觉到被尊重、被认可、被关注，使传承者为自己的身份和职业感到骄傲和自豪。武术管理部门的这些举措可以对武术在社会上的传播与普及起到重要导向作用，引起全社会关注武术运动，关注民间武术传承者，提升人民群众对武术的兴趣，推动武术运动的大众化发展，为武术文化的传承与保护奠定良好的群众基础。

（二）武术传承监督管理

1. 监督传承经费的使用情况

对武术传承经费的使用情况进行监督非常必要，可以防止出现经费使用不当、挪用经费等问题。在武术的传承经费中，有一部分是给传承者的生活补贴与资助，传承者可以自行支配这部分经费，除此之外其他经费的使用必须严格遵守相关规定，合理分配与使用传承经费，使有限的经费发挥最大的效用，满足武术传承与保护的基本需求。培养武术传承者、开展武术传承的科研活动以及为传承与保护武术文化而开展相关活动，这些都需要投入一定的经费，这些经费可由相关民间武术组织和代表性传承者共同管理，由地方武术主管部门来监督，以保证经费的合理使用。

2. 监督传承者的传承情况

第一，监督部门要实施监督传承者的社会活动和传承工作，对武术拳种的传承状态进行定期检查，保证武术文化传承的稳定性与持续性。

第二，对传承任务、活动计划进行制订，明确传承者培养的阶段目标，促进传承者责任感和使命感的强化，使其积极开展传承活动，如组队参加本地重大社会活动，传播武术文化。

第二节　中国武术的传承现状与困境

一、武术文化自身存在弊端

武术在漫长的发展历史中形成了独具特色的武术文化，在几千年的传承中，武术流派众多，纷繁复杂，五花八门的套路更是令人眼花缭乱，而且不同地区与民族之间存在文化差异，所以在武术传承中不同民族或地区对武术套路、拳种形成了不同的认识与理解，其中不乏错误的、片面的、歪曲的认识与理解。如果不及时纠正，长此以往，人民群众对武术的认识可能会背离武术的本质；而且在西方文化的影响下，可能会有人将武术改得面目全非，完全看不到武术最本质的文化精髓。

二、武术非遗类别归属与实际不符

武术非物质文化遗产项目如太极拳、武当武术、少林功夫等在非物质文化遗产名录中被列入"杂技和竞技"类。这样归类其实是不合理的。虽然武术有竞技性，但强身健体才是武术的第一功能，是我们重点挖掘、宣传和推广的功能之一，简单地将武术归入"杂技和竞技"一类，说明缺乏对武术历史文化内涵的正确认识。

以少林功夫为例，这一武术项目以僧人演练形式为主，若将其归入竞技类，则与其本质和标准是不符的。可量化是竞技项目的重要特点之一，但我们无法量化少林功夫中蕴含的禅宗智慧。不符合实际的非遗类别归属不利于我们更好地传承武术。

三、武术理论研究不足

新中国成立以来，我国越来越重视竞技武术的发展，而学术界对武术的研究较之前减少，这就造成了武术在民间自发传承的状态。武术在民间的传承以口传身授为主，但传承人的认识水平有限，因而传承效果并不理想，而且传承人也缺乏足够的学识与能力去进行武术创新研究，造成了武术科研水平落后的局面。在缺乏科学理论指导的情况下进行武术传承很难取得良好效果，也使得传承过程中出现很多问题与偏差。武术的传承环境存在重技术轻理论的弊端，而且传承中缺乏创新，从而对武术的发展造成了严重制约。

四、武术传承人青黄不接

任何活动都是由人所创造并传承的，都是以人为载体的。武术传承的形式主要是口传身授，而口传身授的主体是人，人是武术文化的承载者，在传承武术技能的同时也传承着其中蕴含的传统文化。武术的传播、传承都是以人为主体，武术非遗传承的根本在于人。在武术非遗传承中人掌握着最高话语权。

随着社会环境的不断变化，武术的生存环境与条件渐渐发生了变化，一些原本适合武术生存的环境与条件遭到了破坏，导致一些习武者不得不从武术行业转到其他行业，武术不再是他们谋生的手段。此外，现在很多人尤其是年轻人对武术的认识模糊，也缺乏兴趣，在习武过程中缺乏毅力，再加上对武术传承人的保护没有受到政府和社会的重视，导致武术的传承后继无人，青黄不接，现有的传承人大都是高龄老年人，将来随着这些老年传承者的逝世，武术中一些拳种也可能会消失，从而使武术的传承与发展之路被阻断。

五、武术非遗申报的审核与评价不完善

传承与保护非物质文化遗产的工作本身就是长期而复杂的,国家为了使传承与保护工作能够统一协调,便成立行政评价机构、专业评价机构来严格把关。

行政评价机构对非遗保护的相关制度予以制定,其中包括联席会议制度,出席联席会议的部门有住建部、文化部、财政部、教育部、国家民委、发展改革委、旅游局、文物局和宗教局等,但国家体育总局不在其列,这说明政府部门尚未正确认识武术非遗项目的真正归属,这无疑使武术非遗申报的工作难度加大了,对此我们应进一步完善行政评价机构及其相关制度。

专业评价机构由众多学者和专家指出,他们在文艺、民俗、艺术等领域都有较深的造诣,做出过突出贡献,创造出科学而丰富的研究成果,但这些学者与专家对武术的研究较少,也不明确武术非遗的真正分类与归属,因此在武术非遗申报的审核与评价方面也存在很多不规范的问题。由于专业评价机构中缺少体育专家和学者,因此人们无法理解"武术属于体育,但又高于体育"的真正内涵,给审核与评价带来了难题。对此,进一步优化专业评价机构的内部结构也很重要且必要。

六、民间传承存在问题

家族传承和师徒传承在民间传承中占有非常重要的地位。古代社会的特殊环境为这两种民间传承方式的形成与发展提供了良好的基础条件,奠定了稳固的根基。家族传承和师徒传承都是比较严格的传承方式,对保存与传播武术文化具有重要作用,但因为民间传承与传统等级制度、宗教礼仪等有千丝万缕的联系,因而在一定程度上限制了传承的格局,影响了传承的范围,显示出小众性的缺陷。到近现代时期,西方文化在我国流行开来,中西文化交融碰撞,社会上逐渐兴起新的武术传承方式,如班级授课形式的教育传

承，这使得民间家族传承与师徒传承受到严重冲击。随着学校教育传承地位的提升，其在武术传承中的地位逐渐与民间传承比肩。可见，武术传承方式是随着社会环境的变化而变化的。当代，起源于古代的民间传承方式处境尴尬，其小众性的缺陷暴露得越来越明显，与此同时还存在其他一些问题，表现在下列几个方面。

第一，民间传承受到新传承方式的排挤，民间传承的传承空间受到限制，一些民间传承方式渐渐消失在社会大众的视野中，如典籍传承、地缘传承等。

第二，在现代社会背景下，民间传承由于经济原因而无法保障传承者的基本物质生活，传承者在基本物质需求得不到满足的情况下不再从事传承事业，传承链因此而中断，一些拳种可能会因为后继无人而消失。

第三，民间传承缺乏正规的组织机构和统一的管理者，从而增加了传承的难度。

第四，民间一些武术传承者在物质利益的诱惑下将武术作为谋其个人利益的工具，甚至采用欺诈手段进行武术文化传播，严重污染了武术文化传承的环境，对武术发展造成了恶劣影响。

七、数字化技术传承模式不成熟

随着信息技术的发展和互联网的普及，数字化传承逐渐兴起，并成为信息时代武术传承的重要途径之一。利用数字化技术传承武术文化，其优势在于不占用物理空间，方便快捷，传播效率高。但因为数字化技术传承兴起的时间较短，因此还有很多现实问题有待解决。

第一，对武术传承者的基本信息、武术传承内容信息缺乏系统化记录，主要以口传心授的手段进行传承，随着老年武术拳师的逝世，一些武术拳种的传承就无法延续下去。

第二，数据整理系统不够完善，存在严重的数据流失问题，专业数据管理人才也严重缺乏。

第三,历史悠久、源远流长的武术文化包含大量丰富的拳种,其中有些拳种并不像太极拳一样广为人知,社会化认知度和普及率都比较低,这类拳种的传承往往不受重视,缺少有价值的信息,从而导致武术传承内容体系不健全。

第四,数字化传承的实现是建立在先进数字技术资源这一基础之上的,但目前我国在武术传承中采用的数字技术标准化水平还不够高,其与武术文化的结合不够紧密、深刻,导致武术传承的层次较浅,影响了武术内涵的深层传播。

第三节 中国武术传承的策略

一、坚持"以人为本",进行活态传承

武术进行保护与传承受到武术界有关专家与学者的高度关注,但如何保护与传承是当前武术界讨论的一个热点。武术是一种身体文化形态,是主要通过身体活动形式而表现和保存的中华民族传统文化。武术传承中必须通过外在的身体姿态和内在的气韵来表达其深厚的文化内涵,也就是说武术内在和外在的传承都需要"人"这一载体进行活态传承,若离开人,武术非遗就成为无源之水、无本之木,不可能传承与发展。传承武术从"无"至"有"以及世代留存,始终离不开"人"这一主体对它的不断创新与"原生态"传承,武术历经五千多年的历史而延续至今,根本上离不开传承人代代相传和武术人长期不懈的坚持与信任。因此,武术应以人为载体进行活态传承,从而保持武术的历史性、地域性、民族性与时代性。培养传承人是促进武术传承与保护最有效的举措,只有保证武术传承者的延续性,避免传承人断层,

才能使武术文化的薪火源源不断、生生不息。①

二、保护武术传承人

武术非遗从整体上而言是抽象的，要使人们对武术的魅力有切实的感受，提升公众对武术的认知能力，使武术精神得到更好的弘扬，就必须进行外在的技艺展示与表达，而这又必须依赖传承人。传承人在武术非遗传承与保护中所发挥的作用至关重要、无可替代，因此要全力保护传承人，尤其要保护他们的地位，保障其基本生活。

（一）对传承人地位的保护

保护武术传承人，首先要保护其地位，培养其能力，这方面要做好下列工作。

（1）依据传承人的技艺水平及其社会贡献对其进行层次划分，分层培养传承人，并进行分层考核。

（2）对武术传承人的等级标准进行制定，获得一定等级的传承人是由专业机构所认证的。

（3）对传承人的传承工作程序做详细的规定，并为传承人顺利开展工作提供物质支持与保障。

（二）对传承人基本生活的保障

武术的传承者中有很多年迈的老人，他们基本没有了工作能力，生活较为困难，对于这类传承人，要给予必要的生活补贴，使其基本生活需求得到

---

① 马永通.非遗视角下武术的传承与发展[J].体育科技，2020，41（03）：88-89.

保障。传承人只有基本生活有了保障，才有时间与精力去从事武术相关工作。对于有突出贡献的代表性传承人，除了要保障其基本生活外，还要授予荣誉，对其起到的重要价值和做出的重要贡献给予肯定和奖励，从而促使传承者增强其使命感和责任感，并激励其继续努力完成传承使命。

三、整合媒介，促进武术传播

"得大众传媒者，得天下"，这句话在大众传媒时代广为流传，从这句话中我们就可以看到，大众传媒具有其他媒介无法比拟的特点和优势，面临多种传播途径，传播者应尽可能选择便捷、效果好的大众传媒来组织传播活动，实施传播行为。

在武术的传承与发展过程中，我们需要选用各种各样的传播媒介，其中，大众传播媒介就是首选，选择该媒介有利于我们顺利实现传播目的。然而，当前我国传播媒介的发展水平远不及发达国家，其竞争力较弱。鉴于国内媒介居于弱势地位的现状，我们不得不对其进行产业化改造和集团化升级，从而扩张媒介规模，促使媒介增强其核心竞争力，并赶超发达国家的媒介发展水平。在推动我国媒介产业化和集团化发展的过程中，我们可以投资或者并购传媒强国的体育媒体，以传播规律和市场规律为基础，建立和完善体育传播媒介集团，使我国的体育传播媒介成为具有跨国性质的传媒巨头，从而为我国武术的国际化传播提供坚实的基础与保障。例如，在未来，我们可整合国内四大门户网站的体育板块（腾讯体育、新浪体育、网易体育、搜狐体育），强强联合，发挥各网站的优势，全面提高我国体育传媒的专业化程度，从而使我国体育传媒弱势的局面得到改善。

推动武术的国际化传播不仅要整合我国现有的媒介资源，促进媒介的产业化发展和集团化升级，还要对相关的制度、政策进行制定与完善。同时，在传统的书刊和报纸等印刷媒介中，要主动学习西方主流媒介，将传播本土武术文化视为一项重大责任与义务；在电影媒介中，要以自己的文化逻辑来对我国传统文化和武术文化进行阐释；在互联网媒介中，应该建立武术的英文网站，并积极策划网站内容，合理经营网站，从而提高武术的传播效果。只有对国内媒介进行积极的改造，并对多元的媒介资源进行综合利用，才能实现武术传播的系统化、标准化和专业化，才能更快、更好地达到武术传播的目的。

四、构建武术传承与发展机制

起源于中华民族传统文化的武术，融合了多元文化学科的思想观念，包括人类学、哲学、美学等，蕴含着丰富的文化内涵，具有重要的历史价值与文化价值。武术历经五千多年的历史演进而发展至今，在漫长的传承与发展历史中逐渐形成了自身独特的发展模式与传承机制，从而使武术的印记烙在每个时代人们的心中，使武术的生命力不断增强，生生不息。传承与保护武术以及弘扬武术文化，都需要群体的认同和国家的扶持。在文化全球化背景下，西方文化涌入我国一定程度上冲击了我国武术文化，导致中华武术的一些拳种失去原本的民族色彩，甚至因保护不当而濒临消失。面对这一严峻现状，必须采取措施来帮助武术走出困境，实现更好的传承与发展。而立足武术传承与发展现状而构建武术传承与发展机制便是一个非常有效的举措。

首先，地方政府要高度重视本地武术的传承与保护，并对相关工作的开展给予大力扶持。政府部门要投入一定的财力和物力资源来兴建武术基础设施，从而使武术真正走进社区，走进乡镇，走进基层人民群众的生活中。

其次，鼓励社会大众积极参与武术的传承与保护工作，运用集体的力量而保证武术非遗的完整与系统传承，在传承的基础上促进武术的现代化发展，如生活化、产业化等，尤其要高度重视武术产业化发展，进一步夯实武术产业基础，扩大产业规模，增强产业竞争力，拉动市场消费，使武术与现代人的生活紧密结合。

最后，对武术的传承与保护机制进一步加以完善，通过必要的激励政策来吸引更多的人习武，使武术爱好者在武术行业中发挥自己的能量和影响力，自觉承担与履行武术传承的重任。

五、优化民间传承

要使民间传承充分发挥其优势与作用,推动武术文化的有序传承与可持续发展,就要不断优化民间传承方式,建议如下。

首先,引导大众树立正确的思想意识,政府重视对武术文化宣传活动的开展,使武术文化受到大众的广泛关注和重视,使大众对武术传承及民间传承的重要性有所了解。

其次,政府需要给予一定的经济扶持,使传承人的经济生活有基本保障,如此才能使传承者更好地进行武术文化传承。

最后,要保障民间传承的文化生态健康,避免民间传承特别是地缘传承、典籍传承、节日传承等传承方式的消失。

六、完善数字化技术传承途径

在武术传承的演进与发展中,以上问题有时是不可避免的,为了解决上述问题,必须加强对数字技术的改革与创新,促进数字化技术在武术传承中的科学应用,充分发挥数字技术资源的优势与作用,提高数字化传承的水平。

第一,深入理解武术文化数字化传承的概念与内涵,全面掌握数字化传承的理论知识,清楚不同传承主体在数字化传承中扮演的角色和具体的职责,提升传承主体的数字技术应用能力,培养传承者的信息素养和先进传承意识。

第二,设计与完善武术文化数字化传承计划,在计划中明确武术数字化传承的目标、内容、理念、方法及步骤,从而根据计划循序渐进地开展传承工作,提高传承效率。

第三,培养武术传承的专业技术人才,这类人才对武术、数字技术都要精通,他们是适应社会发展需求和武术现代化发展需求的新型人才,既要懂

"文",又要懂"武"。有关部门可根据需要而成立武术传承者培训班、研习班,提升武术传承者的技术素养。

第四,优化武术文化的数字化传承体系,解决数字化技术资源分散的问题,提升各个传承平台的层次,扩大数字传承的影响力。政府应加大财力、人力等资源的投入力度,统一监管各个传承平台,严格打击不正规的传承活动。

第五,西方国家在文化传播与传承中采用数字化手段取得了较大的成果,我国可学习与借鉴西方发达国家先进的数字化传承经验,并在借鉴的基础上创造出具有中国特色的数字化传承模式。

七、保护武术传承的文化空间

在武术传承与发展中,文化空间发挥着重要作用,武术文化的生存与延续离不开文化空间的有效保护。文化空间是时间与空间的结合,在一定的文化空间中存在着较多的文化交流与较强的文化认同,这对传承武术文化,促进武术文化发展中的推陈出新具有重要意义。现阶段,武术的文化空间因受西方文化的冲击而面临巨大的挑战和现实困境,在这种情况下要对武术文化进行有序传承和大力保护,就必须从保护武术传承的文化空间着手,对武术的文化空间进行深入剖析,探索能够满足武术文化传承与发展需要的优良文化空间。

我国是多民族国家,不同民族的文化、风俗、环境、生活方式等都有差异,在不同民族环境下孕育的武术文化也存在一定的区别。武术起源与兴起的文化背景是武术文化空间的一个重要组成部分,如果脱离特定的文化背景和社会环境而对武术文化进行所谓纯粹性的研究,将会使武术文化成为没有灵魂的躯壳。武术传承的文化空间应该包含所有和武术相关的文化元素,我们应从整体视角来分析与保护武术文化空间,这样才能更全面地传承与保护武术文化。

武术文化空间的保护方式如下。

（一）实现武术文化空间的优化再生

人类在社会实践中创造了文化，文化的传承影响了一代又一代人，要使文化持续不断地传承，就要找到适合文化传承的恰当文化空间。从武术传承的历史来看，其经常受到外来文化的冲击，从而增加了传承的难度与复杂度，也损坏了武术文化空间。保护原生性的武术文化空间，并不是对前人的武术活动轨迹原原本本地进行复制，主要原因是在武术的历史传承中，因为种种因素影响，其最原始的生存环境遭到了破坏，从而发生了一定的改变，所以在保护武术文化空间的过程中要不断优化，促进再生。

（二）发挥政府的作用

保护武术文化空间，离不开政府的大力支持。现在，国家对武术的传承与保护越来越重视，在国家级非遗保护名录中，一些优秀的民间拳种赫然在列，这是国家保护武术文化最有力的举措。从非遗视角来传承与保护武术文化，还有助于提升武术的社会影响力和一些拳种的社会认知度及大众参与度。

八、保护武术非遗的知识产权

保护武术传承者的知识产权是武术传承的首要任务。一些武术流派以家庭传承为主，传内不传外，甚至传男不传女，这种传承方式类似于民间专利的保护。当前，武术的生存环境恶化，其传承遇到严重危机，对此，我们要提倡与强调保护武术的知识产权，并对传承者及从业者的权利予以保护，使相关人员更积极主动地从事武术传承工作。

（一）明确保护主体与客体

1. 保护主体

武术的拥有者可以是个人，也可以是群体，如个人（一般是传承人）掌握某个拳种的技能；群体中某些成员或所有成员共同学习某个武术流派的拳种等，如很多人掌握了太极拳技能。既然武术的拥有者可以是个人，也可以是群体，那么保护武术是个人的权利还是群体的权利，这个问题值得研究与讨论。

那些在武术传承与发展中付出了创造性劳动的人往往会受到法律保护，而知识产权制度为此提供了保障。但武术非物质文化遗产具有传统性、历史性、长期性和活态性，世代传承，所以要对最初的、真实的创造者加以确定是有很大难度的。

一般来说，自然人才是知识产权的主体，但具有区域性、民族性等特征的武术非遗的具体创造者是谁，保存者是谁，这是很难进行唯一性确定的，如果可以将创造者或保存者真正确定下来，那么权利主体也就可以确定了。

当确定武术非遗的创造者或保存者是某个具体自然人时，那么这个人也就可以确定为是权利人。例如，如果某个拳种的传承者对新的技击方法和演练套路进行了创造，那么其就是受知识产权法保护的著作权人；如果传承者只是传承了原来的技能和文化，没有做其他创造性活动，那么其作为文化传承者享有与著作权有关的权利，即邻接权。

武术非遗世代流派，经过了几千年的演进，已经很难准确地对真正的创造与保存者进行确定了，再加上某些流派或拳种并不是归个人所有，而是归群体共有，就又增加了确定的难度。如果不能确定是具体的某个自然人创造了某个武术非遗项目，那就将掌握该项目的整个群体或群体中的某些成员确定为权利人。例如，新会市蔡李佛拳门派共同保存了新会蔡李佛拳，该门派的人员都可以是权利人。

2. 保护客体

从非遗的性质及保护规律来看，武术非遗知识产权保护的客体包括下列三个方面。

（1）物质载体保护

武术非遗以直观的形象展示在大众面前时，其所依托的载体主要是武术相关实物、工具等。我们可以运用适用于有形财产保护的民法中的物权制度来保护这些实物、工具，如所有权、他物权等。

武术非遗中，某些武术项目的器材工具需要用特定工艺进行制作，对此，我们可以用知识产权和物权制度来保护这类珍贵的武术工具、实物。

（2）演练形式保护

不同的武术项目都有自己独特的演练形式，我们在武术传承与保护中，要尽可能将传承项目的所有演练形式明确下来，如果该项目被列入非遗名录，那么就要将该项目传承者所掌握的技能动作和演练形式以文字的方式记录下来、编制成册，然后规定以正规的渠道向下一代进行关于该项目技能与文化的"本真传承"。武术非遗中最有价值的内容当属其独特的技能了，这也是知识产权保护的重点。武术非遗传承者有权通过办班传授技能、编写或制作相关书籍和音像制品等方式来获取收入。但在市场经济环境下要遵循市场规律，遵守市场规则。

（3）相关仪式保护

武术包含的内容非常丰富，除了本身的器材实物、门派种类、技能演练方法、理论体系外，还包括相关的历史典故、传承习惯、礼节仪式以及名人逸事等，要保持这些内容的鲜活状态，就要进行口传身授。武术的外在表现形式与其相关典故、礼节、仪式、逸事等共同构成了特有的武术"文化空间"和"文化场所"。武术相关仪式是武术文化空间中不可缺少的重要因素，为武术的传承与保护营造了浓郁的历史文化氛围，因此其也是传统体育知识产权保护的重要客体之一。

（二）知识产权制度对武术非遗的保护

1.著作权保护

在武术传承与发展中创造了大量的新理论、新技法和新套路，我们可以直接用著作权来保护这些创造者（著作权人）的权益。有些人虽然没有直接创造新的武术理论、技法和套路，但是在武术作品的整理、翻译、注释等方面做出了很大的贡献，他们是武术作品的演绎者，因而也享有著作权并受到保护。另外，武术内容数据库为武术作品的创作提供了重要素材，因此其也受到著作权保护。武术有创造者，也有表演者，表演者虽然没有直接参与最开始的创作，但其以表演的形式传承了武术文化，因而受到著作权相关权利（如表演者权等）的保护。

2.地理标志保护

武术具有经济价值，要充分发挥这一价值，促进其文化影响力的扩大和市场竞争力的提升，就要将地理标志充分运用起来。武术的标示性标志基本属于特定群体，因此梁山武术、峨眉武术等由法人或相关组织注册的地理标志是不能转让的。

3.商标保护

武术有自身的识别性标志，可利用商标保护的方式来保护这些标志。武术各门派以协会、组织或团体的名义进行集体商标的注册，为本门派成员开展相关活动提供便利，并以商标的方式来向外界展示本门派武术活动的规格与质量，树立本门派的品牌，提升专业服务质量。

九、重点传承与保护太极拳等优秀武术项目

太极拳是中国武术中非常优秀的组成部分，在武术传承中要特别重视对优秀项目的传承与保护。

（一）加大太极拳理论的传播力度

太极拳理论的形成与完善深受中华民族几千年发展历史的影响，在太极拳理论的传播与教育中，不仅要对传统文化进行传承，还要对传播对象的健康观进行培养，使其重视身心健康，形成科学健康的生活方式，而这是以传

播对象深入学习与理解太极拳理论思想为基础的。太极拳专家、学者及其他专业人员在太极拳教育内容体系的构建中应力求做到科学、标准、统一、规范，将太极拳理论体系和技法体系有机结合起来，从而使人们在参与太极拳锻炼的过程中不仅掌握动作技法和运动方式，还了解了太极拳理论知识，提高了理论与实践统一的学习效果。

提高人民群众的体质健康水平、培育大众的终身体育意识与习惯，是新时代健康中国战略赋予太极拳运动的重要任务和使命。因此在大众化的太极拳活动中，既要求人们学习太极拳理论知识，又要求人们通过亲身参与而在实践中掌握太极拳套路动作。

（二）深化太极拳教育

太极拳教育以学校教育为主，在学校体育教育中设置太极拳课程或将其作为体育教学的主要内容之一，对太极拳教学的理论内容和实践内容进行合理配比，选择恰当的教育方式，提高教育效果。此外，还可以在学科交叉视角下促进太极拳教育与其他学科教育的有机结合，使太极拳教育内容有更多的机会出现在学校课堂中，提升学生对太极拳的认知能力和太极拳技法的熟练程度，使学生正确而深入地理解民族传统体育文化和中华民族传统文化。

需要注意的是，太极拳教育不仅包括狭义层面的学校教育，还包括其他单位开展的各项太极拳教育活动，如社区太极拳教育、企事业单位太极拳教育、相关组织机构的教育活动等，这些单位可以相互合作，协同开展太极拳教育活动，从而拓展太极拳教育渠道和空间，促进终身化太极拳教育体制的形成。如此一来，不管什么年龄段、什么社会阶层的人都有机会学习和参与太极拳。

（三）培养优秀太极拳师资队伍

在太极拳的传承与发展中，优秀的师资队伍发挥着非常重要的作用，这里的师资队伍不仅是指学校的武术教师，还指社会体育指导员。合格的太极拳师资力量在太极拳的普及与推广中所起的作用可能是决定性的，如果学生在学校学习太极拳没有专业教师的辅导，社会大众参与太极拳运动没有专门指导员的帮助，则都会影响学习效果，当人们经过一段时间的学习因得不到专业指导而没有取得明显成效时，便会失去参与的兴趣和积极性，甚至产生厌烦情绪，自我怀疑，最终影响自身健康。可见对专业而优秀的太极拳师资队伍进行培养非常有必要。太极拳师资队伍中有一支非常重要的力量，即太极拳师，人们能否在太极拳习练中受益，直接由辅导他们的太极拳师的个人专业素质和综合素质所决定。所以培养专门的太极拳师是师资建设中非常关键的一环。

我国太极拳教育缺乏科学性、系统性和权威性的教育体系，在培养太极拳师资方面同样缺乏完备的培养体系和培养机制。当前，在评价太极拳师的专业能力时，主要从运动等级、段位证以及国际社会体育指导员证这三个具有较高含金量的标准出发而进行评价，这三个方面的标准也相当于太极拳师的"上岗证"，我们应对这三个评价标准加以完善，坚持"持证上岗"，对太极拳师的考核进行严格把控，从而提升培养效果和人才质量，使其能够更好地指导人们参与太极拳习练。

我们要特别强调太极拳师资队伍的专业水平，师资队伍越专业，就越能在指导学生或其他人练习太极拳时敏锐地发现指导对象存在的问题，及时捕捉错误信息，并能准确分析出现错误的原因，给予指正。可见太极拳师资队伍的专业性何其重要。因此我们要更加重视在师资培养中提升太极拳师资队伍的专业能力和职业素养，定期举行太极拳师资队伍的教学培训、教学交流会等活动，为太极拳师资队伍不断进行自我提升和自我完善而提供良好的平台与机会。

（四）调动社会力量推动太极拳传播与传承

我国社会体育的发展存在资金短缺的现实问题，这严重制约了社会体育的发展速度和发展高度。社会体育经费大部分来自政府拨款，但社会体育人口十分庞大，这无疑增加了政府的财政负担。有限的资金投入满足不了庞大社会体育人口的需求，对此，应积极调动社会各界的力量来解决社会体育的经费问题。

太极拳是广受社会认可、社会影响力较大以及产生了良好社会效应的武术项目，是社会体育和全民健身运动的重要组成部分。社会体育经费的缩减同样制约了太极拳运动在社会上的普及与推广，对此，我们应利用太极拳已有的群众基础、传播基础来引进社会各界，尤其是有名人士参与太极拳传播与推广活动。政府部门应支持和鼓励社会力量参与进来，这样不仅能减轻政府的财政压力，还能起到更好的传播效果。

（五）构建太极拳公共服务体系

群众性体育事业是国家公共事业的重要组成部分，政府职责中包括对基本公共服务的提供这一项重要职责。有关调查结果显示，大众太极拳活动的开展缺少资金支持，这是太极拳场地设施缺乏的一个主要原因。虽然太极拳对运动场地没有很高要求，但至少要满足一些必要的条件，如场地充足，这是大众主动参与太极拳运动的基本条件，人们只有长期自觉主动地参与太极拳运动，保持良好的运动习惯，才能逐渐改善体质，提高健康水平。因此，政府应重视大众太极拳活动开展中资金缺乏和场地设施不足的问题，提供必要的资金和物质资源，解决太极拳运动大众化发展的资金难题。为更好地达到这一目标，需要结合时代发展的需求而加强对太极拳公共服务体系的建构，从而在推动太极拳稳步发展的同时，加快"健康中国"建设步伐。

第四节 中国武术的现代化传承与发展探索

武术的现代化传承与发展路径是多元的，在多元化路径中，加强武术与多元文化的融合，善于借鉴多元文化的发展成果；在竞技化路径中，强调武术与奥林匹克文化的融合；在休闲化路径中，强调武术的民族特色，满足大众需求。本节主要就以上几个发展路径对我国武术文化现代化的传承与发展进行研究。

一、全球化背景下中国武术的传承与发展

（一）全球化为武术发展带来的机遇

21世纪以来，人类社会发展中一项最为显著的特征就是全球化，全球化的出现拉近了全球各个国家和地区之间的距离，某个国家或地区的发展会不同程度地影响世界上其他国家和地区。在全球化背景下，社会各个领域都在向着全球化的趋势发展。全球化具有两面性，一方面为各国提供了发展的机遇；另一方面带来了挑战与冲击。

全球化的基础是科技进步，根本动力是生产力发展，全球化体现了人类社会生活的高度社会化，体现了人类文明的进步与现代化，是人类社会发展到一定阶段的产物。全球化与社会发展的一般规律是相符的。在全球化的大背景下，各国之间的文化交流超越了地域限制，不再局限于国家或地区范围内交流，跨国家、跨民族的文化交流活动成为现实。随着世界文化交流活动的广泛与深入开展，语言、文字、思想理论、价值观等文化要素在全世界范围内传播，各个民族借鉴其他民族的优秀文化来不断完善本民族的文化，从而促进了本民族文化的繁荣。例如，先进科学技术和新的思想观念在全球的传播与推广对于提高民族科学技术水平，提升民族思维理念具有积极作用。我们必须承认，在全球化时代，国家和民族都面临着良好的发展机遇，可以对人类的先进文化成果进行吸收和借鉴，落后的国家和地区尤其要抓住这一机遇，从而改善本国或本地区的发展现状。

在全球化的今天，我国武术运动也面临着良好的发展机遇，可以与其他国家的武术文化展开全方位的交流，从而不断更新我国武术的文化内涵。武术的国家化传播也可以借鉴国外的成功经验，如跆拳道、NBA等的国际化传播经验。与此同时，全球化时代的到来也提高了国家领导对武术的重视程

度。为了顺应全球化发展潮流，世界上各个国家普遍都很重视文化安全，发展中国家更是如此。全球化的快速发展使得各个国家和地域有了更好的交流平台，每个国家或地区的发展都离不开对其他国家和地区的依赖，而且随着全球化的进一步发展，这种依赖会体现在各个方面。

随着各国文化交流的不断深入，外来文化源源不断地流入我国，给我国本土文化带来了一定的冲击。东方文化与西方文化相对比来说，面临着更为严峻的考验。受外来文化冲击与侵蚀的影响，我国的文化安全形势不容乐观，这主要体现在以下两个方面。

第一，文化资本、文化产品、影视传媒等"西化"的因素蜂拥而至，冲击了我国的传统文化。

第二，我国的民族传统文化价值体系日益衰退，且传统文化面临着边缘化的危机。

面对当前的文化安全现状，我们必须采取有利的途径来对我国的文化安全进行维护，其中一个可靠的路径就是对外大力传播传统文化，向其他国家介绍中国民族文化，使我国的传统文化被更多的人认识、理解。作为我国民族传统文化的典型代表，武术是对外传播的重点对象，因而武术受到了高度重视，这就为武术的发展提供了良好的契机。

（二）全球化背景下武术的国际化传播

作为中华民族智慧的结晶，中华武术内涵丰富，文化底蕴深厚，中华民族固有的价值观念、思维方式、宗教信仰、风俗习惯等在其身上都能够得到一定的体现。在全球化背景下，在国际范围内进行武术的传播有利于对国家文化安全的维护，有利于中华传统文化的弘扬。具体来说，武术的国际化传播路径如下。

1.丰富武术的文化内涵

真正意义上的文化对外传播主要传播的是深层文化，而非表层文化，也就是向世界介绍民族的价值观念、宗教信仰、道德情操、审美情趣等文化内涵。而不应该是表层意义上的世界传播。我们在世界范围内传播武术，要增强文化意识，促进武术"文""武"结合，注重深层次传播，更好地促进中国传统文化的弘扬与繁荣。

2.加强武术的革新

一个民族的进步离不开创新，一个国家的发达也需要创新来提供动力。文化的进步与发展同样需要创新。我们在整合武术传承内容的过程中，必须注重创新，对于创新中可能面临的文化冲突问题，要理性对待，既要立足于对传统文化的保护与维系，又要将其他有利的因素吸收进来，以丰富武术文化体系，使其在国际上具有更大影响力。

太极拳是武术的典型代表，为了更好地推广与普及太极拳运动，国家体育总局以杨氏太极拳为基础，删除了一些较为复杂和有难度的动作，抽取了其中24式编成简式太极拳，这就是武术技术的革新。此外，在武术的国际化传播过程中，我们还需要将单个拳种作为传播单元，仅仅对与该拳种相关的功法和套路进行传播，这样就可以减轻受众的习武压力，从而使习武者更深入地理解武术拳种的内涵。

在武术革新中，还要对传媒手段进行合理选用，既要注意对多种手段的综合运用，又要注意所采用的手段能够被受众接受。河南卫视举办的《武林风》栏目之所以能够成功，主要就是因为其采取了积极创新的策略。

3.重视人才的培养，促进传播水平的提升

传播活动的第一要素就是传播者，传播者是信息的产生者和发送者。在武术的国际化传播过程中，传播者的角色很重要，其发挥的作用也是无可替代的。传播者"手握重权"，着重解决传播内容及传播方式的相关问题。当前，我国武术传播者素质良莠不齐，对我国武术国际化传播的公信力造成了消极影响，对中国武术的广泛、深入传播造成了制约。因此，在之后的传播过程中，我们首先要解决这一问题，改善这一现状，促进传播者专业化水平的不断提高。

高等教育是培养优秀武术传播人才的重要途径。目前，在我国高校的传媒专业和武术专业中，大都只对本专业的课程进行了开设，学生在高校期间只学习传媒知识，或只学习武术知识，对其他知识并不了解，因而难以完成武术国际化传播的任务。对此,在学校教育中应以传媒专业和武术专业为基础,对跨文化传播之类的课程进行设置,并开展相关教育活动,突破专业限制,对武术国际化传播的专业人才进行科学化的培养。同时,在确立民间传播者时,应该建立相应的等级考核制度,防止武术传播者中出现鱼龙混杂的现象。

要想提高武术国际化传播的专业水平,就要使传播者具备国际视野,对中西文化精通,既不能崇洋媚外,又不能有过重的民族情结,要能够以全球化的视野对中国文化给予关照。武术传播者只有对我国武术文化有深层次的认识,才能对武术文化的精髓与真谛有所领悟,也才能在传播过程中使国外受众的需求得到满足。传播者只有树立了先进的传播理念,并能对现代传播技术手段进行熟练运用,才能通过容易使受众接受的方式对武术文化进行传播;传播者只有对不同文化群体的需求差异有一定的了解与把握,才能促进武术国际化传播效果的提升。所以,促进传播者专业化水平的提升对于实现武术的国际化传播目标非常关键。

二、多元文化的发展对我国武术传承与发展的推动

(一)多元文化与武术文化的关系

1. 多元文化与武术文化的差异
(1)理念方面的差异

在世界上,不同的民族有不同的传统,有不同的思维方式,因而也会从不同的层面来探索真理。世界文化也是具有共同性的,这主要是因为各民族在揭示自然规律方面具有高度的相似性。世界文化的现代化发展和文化的多元存在,要求各民族在保持本民族文化精神的基础上,以开放的姿态对异质文化的优秀成分进行借鉴与吸收,从而不断革新,促进自身的进步与完善,使本民族的文化更好地应对现代化进程。

"和合思想"是中国传统文化的精华,其高度概括了自然与社会中各种

第二章 中国武术的传承与发展

事物的复杂性、差异性及其相互之间的互补与统一。武术文化是中国文化体系中的一大子系统，和合思想对武术文化的理论与实践都产生了重大的影响。武术不是一项单纯的技艺，而是文化层面的一种思维方式和价值观念，作为一种文化符号，武术文化对"和合"这一文化立场有突出的反映。"和谐世界"是蕴涵中国传统文化精髓的现代化理念，这一理念的提出具有重大意义，能够指引人类社会在正确的道路上健康发展。

（2）内涵差异

世界多元文化是人类在认识文明过程中产生的一种共性文化，世界各族群的人民是一个生命共同体，他们互相依存，文化真实地反映了这一生命共同体的文明生活。文化是人类在探索宇宙人生真相的过程中不断形成的，不同民族的文化都是基于本民族历史和传统而形成的，人类以不同的视角和不同的思维方式来对周围的世界进行认知与探索，于是丰富多彩的世界多元文化就逐渐形成了。

受我国传统文化的影响，中国武术文化注重挖掘人的内心，强调提高人的道德修养。中华民族优秀的传统文化是我国武术的内在精神，武术追求整体性，强调形神兼备、内外合一，讲求身心的和谐统一，这些也是我国传统哲学的主要观点。武术套路具有攻防技击性，同时具有观赏性和艺术性，娱乐价值和美学价值较为突出，此外，武术中含有导引吐纳的元素，从而在健身的基础上又衍生出了养生的功能。中华民族几千年的文明历史对于武术的形成与发展具有重大影响，从人类文明中孕育而来的武术反映了中华民族的生活方式，具有强大的民族凝聚功能，在凝聚与弘扬民族精神方面，武术文化发挥着重要的作用。我国人民拥有强烈的武术情结，因而具有高度的民族责任感和自尊心。

对于多元文化与中国传统文化的差异，我们要正确看待，要给予理解和尊重，要不断进行沟通与交流，注重优势互补，从而促进世界体育文化的丰富和中华民族文化的繁荣发展。

2.多元文化与武术文化的互动

文化是属于整个人类社会的，而非单属于某个族群。如果一个国家拥有多元文化，那么这个国家在探索新文化，构建新文化系统的过程中，应该将所有的文化都纳入新的文化体系中，成为文化系统的一个分支。强调多元文化的存在与共生，对于改善我国传统文化的弱势处境具有一定的意义。

很多人对多元文化的理解都存在着片面性，甚至存在一些错误的认识与理解，如认为多元文化会对武术文化的发展造成阻碍。事实上，我国传统文化在与多元文化交流的过程中，受到了一定的保护，取得了明显的发展。正因为世界文化是多元的，我们才更应该不断加深对武术文化的认识与理解，不断宣传与弘扬武术文化。同时，在与多元文化互动的过程中，我们要使我国的武术文化被更多的国际友人所熟知，从而借助这些人的力量来实现武术的国际化传播与发展。如此一来，通过多元文化的互动，各国、各民族在保护我国武术文化的过程中都发挥了一定的作用。

在对我国武术文化进行保护的过程中，我们并不排斥与其他文化的交流，相反，我们应在全球化背景下更好地与多元文化展开互动，加强融合，将全球化带来的发展机遇牢牢抓住，对全球化带来的挑战积极应对。

（二）发挥多元文化对武术文化发展的积极影响

多元文化是世界文化在当代的一个特色和发展潮流，其生命力极其强大，在推动文化发展、社会发展和人本身的发展等方面产生了不可替代的影响。一个国家或民族的文化进步与发展，离不开对外传播和与其他文化间的交流。如果一个国家的文化不与其他文化交流，其就不可能具有强大的生命力，而且拒绝与外来文化进行交流的国家或民族也不可能实现进步与繁荣。我国武术在形成与发展的过程中吸收了传统文化的"包容"思想，因而与其他文化展开了积极的交流与互动，并在互动过程中获得新的思想资源，使得武术的外在表现形式得到了拓展，武术的内涵得到了丰富，也正因如此，中国武术才能绵延数千年，才能代代传承。

现代社会中，武术与其他文化的交流环境与以往相比发生了重大的变化，随着信息技术的不断发展和传媒信息的快速传播，人们在短时间内就能够获得大量信息，而且各种信息之间都有不同的联系。此外，随着"文化热"的兴起，有关领域也高度关注文化研究。在各国展开的综合国力竞争中，文化也是其中一项隐形的竞争要素，具有"终极竞争力"的作用，所以

第二章 中国武术的传承与发展

在和平时代,各种文化之间的交流、互动、竞争也是一场悄无声息的战争。武术作为我国传统文化的优秀代表,必须通过跨武术交流来加强与异质文化的互动,并发挥自身的先锋作用。

具体来看,多元文化对传统文化发展的推动及有利影响主要体现在以下几个方面。

1.推动中西方文化之间的交流

在文化交流全球化的今天,各种文化在不同的领域内以不同形式发生着碰撞,不同文化间的交流与碰撞促进了世界文化个性化、多样化、多元化的发展,也使得各种文化之间相互理解,相互尊重,在价值的高度上达成共识,实现共享,共促繁荣。作为东方文化的典型代表,中国武术也在一定程度上影响了世界体育文化生活。现在,世界上开展武术运动的国家已有100多个,"武术热""功夫热"在国外逐渐出现,从而促进了我国武术运动国际影响力的提升。一些国家和地区不断邀请我国的武术教练去进行武术传授,或派代表来我国进行参观与学习,不仅如此,我国也在不断派武术团队去国外进行武术表演,传授武艺,民间文化的交流格局因此而逐渐形成。

随着"武术热"的蔓延,世界各国纷纷成立武术团体,从广度和深度上推动武术发展。比如,在多国武术组织的集体倡议下,亚洲武术联合会、国际武术联盟、南美洲武术联合会、国际武术联合会先后成立。近年来,世界各国不断举办国际武术比赛,从而促进了武术技术的发展。各国各民族体育的发展直接促进了国际体坛的繁荣,世界体坛强调文化的多样性,要求对人类文化的优秀传统给予继承与发扬,因而各民族的体育文化在融入世界体育运动大潮的过程中保留了自己的特色与传统,这也就使得世界体育文化丰富多彩,各民族体育文化在世界体坛各自发挥自身的优势与特色,并与其他民族的文化不断交流与互动,从而推动了世界文化的和谐发展。

全球化的发展要求不同民族的文化在世界范围内共同生存,共同发展,全球化强调各民族的文化都是平等的。目前,西方体育文化倡导"互相团结、公平竞争",这一提倡反映了西方社会的人文关怀,也体现了中华文化的人文内涵,我国武术运动中也一定程度上体现了这种人文内涵。在东西方体育文化交融与互动的过程中,民族文化必然会成为二者碰撞的焦点,而且这两种异质文化的互动必然会涉及文化的交流与传播。在中西文化交流中，武术如何既保持自己的传统与特色，又与异质文化进行良性互动，是所有武术工作者都必须思考的一个问题。

2.积极发掘民族文化资源

各民族的文化中都有精华的部分，这部分文化资源具有极高的文化价值，因而要加强对这部分文化资源的个性培育，使其对世界文化的繁荣与发展做出重大贡献。我们要以科学的文化态度来挖掘武术文化资源，去其糟粕，取其精华。武术文化资源是中华民族文化资源的重要组成部分，国家有关部门非常重视对该资源的挖掘与整理。为了彻查"武术家底"，对武术文化遗产进行保护与抢救，1983—1986年间，有关部门对全国大量的武术工作者和武术业余爱好者进行积极动员，并投入大量的资金来对武术运动进行普查与挖掘。这次挖掘与整理工作的规模是史无前例的。有关学者认为，这些挖掘与整理工作的规模虽然宏大，但实际效果却不理想，而且挖掘出的资源也并非都是精华。导致这次普查工作雷声大雨点小的原因主要在于，国家的领导者与决策者以及相关参与者还没有深刻地认识到武术的内涵，而且对武术的定位也不明确，仍然以旧体制的方法和模式来开展挖掘与整理工作。当然，我们必须在文化多元化的大背景下来开展民族文化资源的发掘工作，只有这样，多元的民族文化才能不断延续与繁荣。

为了有效地开展武术的普查与整理工作，我们必须对武术的精华成分进行再度审视，对武术与社会现象的相互联系形成正确的认知，并对它们产生联系的必然性与规律性进行思考，才能有效地推动武术实践及武术文化的长远发展。在这些方面取得的成果有利于科学指导武术的教学、训练、竞赛以及科研，有利于进一步普及大众武术，而且也只有这样，才能使挖掘与整理工作变得更有价值和意义，才能取得良好的效果。

3.促进武术经济资源的不断丰富

作为我国文化产业的一个重要组成部分，武术产业必须面向国际市场，而且我们必须从产业化的角度来开发武术资源。按资源属性的不同，可以将武术资源分为两种类型，即武术自然资源和武术人文资源。武术流派发源地、武术胜地、武术器械、武术名家故里等有形的武术资源就是武术自然资源，武术技术、武术人才、武术文化等人类通过劳动提供的资源就是武术人文资源，开发武术资源要从这两个方面着手。

（1）武术自然资源的开发

对武术自然资源进行开发，最好的办法就是结合旅游来开发。我国武术自然资源比较丰富，以湖北武当山、河南少林寺为例，这两个地方不仅是宗教的圣地，又是武当武术和少林武术的发源地，因而旅游价值很明显。从当前我国旅游市场的发展情况来看，国外客源比较多，这就为武术旅游的发展提供了良好的基础与条件。在开发武术自然资源的过程中，可以重点开发与包装武术流派发源地、武术名胜景点以及武术前辈故居，并在武术胜地设置武术旅游专线，在旅程中组织与安排武术表演活动，在旅游景点开展武术健身活动和武术知识讲座，使游客在旅游的过程中学习简单的武术拳术，并通过学习来体验武术的健身、医疗、娱乐、养生以及休闲等多方面的功能，亲身感受武术的魅力，这对于传播武术文化具有积极的意义。

（2）武术人文资源的开发

从产业化的视角来开发武术人文资源，有利于推动武术的国际化传播，具体开发路径如下。

①武术技术资源的开发

武术运动有丰富的拳种和繁多的流派，技术门类也是多姿多彩，正因如此，武术技能培训业、武术竞赛表演业、武打影视业、武术健身娱乐业等相关武术产业才能够得到有效的发展。我国在发展相关武术产业的过程中，还要注重开发海外市场，构建完整的武术产业体系，以满足国外武术消费者多方面的需求，从而推动我国武术在世界范围内的广泛传播。

②武术文化资源的开发

中国传统文化是武术起源与发展的"根"，如古典哲学、伦理学、中医学、兵学等。武术内涵型资源相对于外显型资源而言，有更大的开发和利用空间，但目前我国对这些资源的开发力度还比较弱。今后，我们大力开发武术文化资源，将武术积极推向市场，提升武术的经济价值。

③武术人才资源的开发

在武术资源系统中，最为宝贵与关键的资源莫过于武术人才资源了，武术教练员、优秀武术运动员、民间拳师、武术流派传人等都是重要的武术人才资源，在武术的国际化传播过程中，这些人才发挥着重要的推动作用。因此，我们必须注重对这些人才资源的充分开发，在开发的过程中加强对这些人才专业素养的培训，并鼓励这些人才走出国门，走向世界，将我国优秀的武术文化传播出去。我国武术人才的输出对于扩大国外武术培训市场、增加武术受众具有积极意义。

4.促进多元文化和武术文化的融合

在全球化背景下，世界文化的多元化发展趋势是任何势力也阻挡不了的。对于任何一个民族来说，只有将本民族的文化融入世界多元文化中，才能实现本民族文化的进一步发展。有关学者指出，任何一个民族都很难客观地认识与理解本民族的文化，只有接触多元文化，与其他文化进行互动与交流，才能突破这个难点，才能在更高的深度上理解本民族的文化。

异质文化通过接触和互动，不断交融、不断创新，这一过程就是所谓的文化融合。文化融合与文化冲突是两个相反的概念，不同文化的互补和互惠关系是文化融合这一概念所强调的重点，文化融合的前提是互相尊重，目的是共存和互赢。在人类历史中，文化融合与文化冲突都是客观存在的现象，都在一定程度上影响着人类历史的发展，但影响结果是不同的。

文化融合可以是一个国家中多民族文化的融合，也可以是不同国家文化的融合，通过文化融合，我们可以对其他民族或其他国家的优秀文化进行了解与欣赏。我国传统文化中最具代表性、最具民族特色与民族风格的文化当属武术文化，中华民族的精神品格在武术文化中有集中的反映。推动我国武术文化与其他国家文化的融合，有利于进一步促进武术文化的繁荣与发展。在文化融合过程中，我们必须维护中华民族文化的独立性，而不是牺牲民族文化的特性去迎合西方文化。我国武术文化本身就融合了军事、哲学、艺术等多元文化，这些文化之所以能够相互交融与互动，关键在于彼此相互尊重与理解。不同文化之间固然存在差异与冲突，我们只有承认与理解这一客观事实，才能实现文化的融合，而且文化冲突也并非没有任何意义，一定程度上而言，文化的发展和文明的保持都需要文化冲突提供动力。

有关学者指出，人们必须先对自身的文化有客观的认识，对多元文化持理解的态度，才能在多元化的世界文化格局中找准自己的位置，才能与其他文化相互交流与互动，才能与其他文化共同发展与繁荣。20世纪，我国曾出现过一些错误的文化观念，如全盘西化、坚决抵制传统文化等，这些文化观念的传播严重打击了中国传统文化，使我国传统文化支离破碎，难以形成一个完整体系，武术文化也没能逃过此劫。吸取这一教训，我们应该正确对待文化融合，辩证地看待不同文化间的关系，既不能盲目引入外来文化，也不能全盘否定传统文化；既不能盲目崇拜传统文化，也不能完全抵制西方文化。我们要树立正确的文化观，使武术文化与多元文化在良好的文化环境及氛围中不断融合。

5.提倡全民健身，组织社区武术交流活动

随着社会主义市场经济体制的建立与不断完善，我国体育事业的社区化发展趋势日渐凸显。在市场经济新形势下，传承武术离不开社区武术的发展。

世界各国人民都普遍喜欢参与社区武术，社区武术的社会基础极其广泛，但目前国内外社区武术的传播具有自发、松散的特点，还没有一个专门的组织来对其进行组织与管理，这直接制约了社区武术巨大社会影响力的发挥。我国颁布与实施《全民健身计划纲要》后，大众体育的社会化发展速度逐渐加快，而且还有专门的组织机构来对大众体育活动进行组织与管理。为了推动社区武术的规范化发展，我们也需要建立专门的组织机构，即社区体育协会。在国外，社区武术协会的发展前景也很广阔，组建国际社区武术协会不但有利于推动社区武术的国际化传播，还有利于提高武术发展的规范化水平。在组建社区武术协会的同时，我们还要加强对社区武术健身的理论研究，注重对科学有效的健身方法进行设计，重视对简单、易学、便于推广的社区武术套路动作进行编排，使居民在参与社区武术的过程中更好地实现强身健体的目的。

社区武术生命力极为顽强，通俗性是其最大特点，因为这一特点，社区武术很容易传播，这体现出社区武术具有广泛的社会适应性。社区武术不仅拥有突出的健身、养生、防身功效，还具有丰富的文化内涵。人们参与社区武术习练，不但能够获得健康的体魄，保持愉快的心情，还能够感悟到人生的真谛,从而轻松看待生活中的烦恼。

全面构建和谐社会为我国武术的社会化发展提供了良好机遇,在全民健身热潮中,社区武术对于促进全民族身体素质的提高具有积极意义,这也是武术社区化发展的重要意义。社区武术的社会化发展包括两个方面含义:一方面,社区武术要为人民大众服务;另一方面,社区武术的发展要依靠社会力量。如果可以将社区武术确定为正式的体育交流项目,那么将会更好地促进武术的社会化发展。

三、中国武术文化与奥林匹克文化的融合发展

(一)武术与奥林匹克文化的关系

1.武术与奥林匹克运动的交融

运动与文化是奥林匹克运动的两大主题。现代奥运会的举办使世界竞技运动的发展迈向了一个新的台阶,在激烈的国际竞争中,尤其是在体育领域的竞争中,奥运会扮演着非常重要的角色。当前是全球化时代,人类不断跨越社会障碍(空间、制度和文化等),在全球范围内不断沟通,以求共识,在这一过程中,全球化逐渐形成。人类世界全球化是奥运全球化发展与壮大的基础。武术文化之所以可以成为一项全球性的文化内容,关键就在于武术文化本身具有通用性,且社会影响力广泛,它能够使不同肤色人群的相关需求得到满足。特定地域的武术运动文化要想得到全世界的认同,要想为本地域体育文化的繁荣提供动力,就需要与其他地域的文化进行不断交流与融合。

武术运动在我国是民族传统体育项目的典型代表,是中华民族智慧的结晶,在世界范围内具有广泛影响力。世界上不同国家和地区的人民都很喜爱我国的武术运动,中华武术可以服务于不同语言和文化背景的群体。只有使参与性极为广泛的武术运动与奥林匹克运动相融合,才能进一步彰显奥林匹克文化的先进性和国际性,才能将奥林匹克运动的宪章宗旨更突出地反映出

来。奥林匹克文化有一个非常崇高的追求：使各个国家能够代表本国优秀传统文化的传统体育项目正式成为奥运会比赛项目，走向世界，使各个国家的传统文化与世界大文化相互融合。将中国武术文化与奥林匹克文化相融合，能够促进竞技体育精神价值的强化，将我国武术运动的养生、保健思想融入奥林匹克文化中，能够使奥运会成为综合的、典型的、思想的、平等的全球运动。

伴随着现代文明的进步与发展，奥运会的发展已有百余年的历史，将武术文化融入奥运会中，将人类传统文明的内涵赋予奥运会，能够使奥运会变得更加丰富和完善，能够使奥运会的代表性和权威性更加凸显。需要注意的是，我国一直都希望武术能够进入奥运会，但并没有将此作为唯一的发展目标。中华武术魅力独特，光彩耀人，其已经得到了各民族、各地区人民的推崇与欢迎。我们之所以要加强中华武术与奥林匹克文化的融合，主要是为了使中国武术与时代的发展更契合，使我国传统文化能够在世界文化领域中占有一席之地，从而得到更广泛的认可。

2.武术与奥林匹克的共同发展

中国武术强调人的和谐发展，强调人与自然的和谐发展，其具有明显的教育价值，这主要体现在两个方面。第一，使习武者的身体得到锻炼，促进习武者身体的健康。第二，培养习武者谦虚礼让、中庸含蓄的道德品质。通过这两个方面的教育，使习武者获得全面的发展，从而更好地适应现代社会。

"人的和谐发展"也是奥林匹克文化的中心思想，现代奥林匹克创始人顾拜旦认为，全面结合人的身体、精神及灵魂，使之形成一个整体，这是奥林匹克文化发展的理想。此外，与大众结合，积极向大众体育渗透也是奥林匹克运动在未来发展的一个方向与趋势。奥林匹克文化鼓励所有人参与体育活动，尤其是鼓励青少年积极参与体育竞赛。中国武术经历了多年探索与改革后，发展方向已经基本确立：将武术推向世界，将竞技武术推向奥运会，使中国武术成为世界大众体育的重要组成部分。中西体育融合发展的基础在于求同存异，只有以此为基础，重德、重心、重修身、重协调合作的中国传统体育才能与重身、重外、重科学性、重竞争性的西方体育协调发展。

（二）奥林匹克文化对武术发展的启示

1.将武术的人文精神和技击性重视起来

由野蛮到文明、由低级到高级是人类社会发展的基本方向。我国武术的发展也要经历这样一个过程，从低级逐渐向高级转化，从粗糙逐渐向精细转化，由注重外在到注重内外结合。技击性是我国武术的本质属性，但这里的技击单纯指具有实用价值的技击技术。在很多人看来，具有实用价值的技击术才是武术的重心，而武术套路是不实用的花拳绣腿。同一个词语在不同的历史阶段会有不同解释，在同一时代中的不同语境下也具有不同的内涵。在现代武术语境中，"实用"不仅强调武术的技击性，同时强调武术的人文价值与民族精神。在各家思想（"儒、道、释"）的影响下，武术追求天人合一的境界，而这正是我国武术的重心。现代社会中，交战双方展开对抗，拼的是力量和智慧，因而很少进行肉搏，武术格斗的实用性也因此被忽视。倘若我们一味强调武术格斗的实用性，那么其在文明社会中就不会有广阔的发展空间。在现代，人们渴望对人文精神的追求，渴望对人的真正本性进行探索，这是人类进步的表现，也反映了人类文明回归自然的趋向。人们的这种渴求与回归自然及传统的心理需求在武术中能够得到满足，人们参与武术，不再像在野蛮社会那样肉搏，互相厮杀，而是在习武过程中挖掘自己的本体能力，感悟人生的真谛，体验武术的精神，这是一种艺术上的升华。只有注重武术的人文精神，才能完好地保存武术最本质的东西，才能进一步巩固武术生存与发展的根基。

在文明社会，人们渴求摆脱原始野性，摆脱一切束缚，与大自然亲近。在文明规范之下，人们的这种社会需求是值得肯定与赞扬的。在远古时代，战争式的搏打厮杀是野蛮武术的主要表现形式，在文明时代，武术必须摆脱传统野蛮式的表现形式，摆脱肉搏厮杀，实现高度的艺术"进化"。武术文明具有一定的文化艺术价值，这主要体现在其能够使文明人类的野性需求得到满足。在数字化时代，我们需要大力发展武术的艺术性，通过武术的技击性来展现其艺术特性，从而将东方文化的艺术魅力展现出来。同时，我们还要将武术打造成文化精品，并突出其健身、娱乐、攻防技击价值。具体可以从以下三个方面来进行。

第二章 中国武术的传承与发展

第一，以艺术化的形式展现武术的健身与养生价值，使其为各类人群的健身服务，使人们将武术当作一种文化，在有兴致的体练与对抗的玩味中体验武术的延年益寿功效。

第二，对武术进行艺术化包装，强化其娱乐价值，将武术套路打造成具有东方特色的文化精品。

第三，对武术技击属性进行抽象的概括，在体育的舞台中通过武术的技击方法来艺术性地展现具有武术特色的人类技击能力。

2.加强武术教育

传承是文化不断绵延与发展的根本途径，而文化的传承和发展需要借助教育的手段。武术的文化内涵丰富，文化特性突出，也正因如此，其才可以流传至今，绵延不衰。推动武术的发展，就要传承武术的文化特性，所以，我们必须在教育系统中纳入武术教育内容。20世纪60年代开始，我国就在中小学体育教学大纲中纳入了武术内容，但没有取得可观的效果。武术教育虽然得到了一定的重视，但是开展实践却不容乐观，体育在学校教育中地位低下，武术师资缺乏等是造成这一现状的主要原因。为了更好地传承武术，推动武术教育的发展，我们需要从以下几方面着手。

（1）注重武术在学校体育中的地位，将武术作为全面培养学生的一个重要途径。

（2）制定武术教育的长远目标。这主要分两步：第一步，在我国体育文化体系中增添武术分支，在正规的体育教育体系中增添武术内容，使武术成为各级院校的一项主要教学内容，使每个学生都能够对武术的基本知识和技能有一定的了解。第二步，使我国武术成为国际体育文化体系的重要组成部分，对武术进行大范围推广，使竞技武术成为奥运会比赛项目。

（3）采取有效措施来开展武术教育。例如，加强对武术教师队伍的培训，安排较多的武术教学时数，改革武术教学内容与方法，组建高等武术院系，加强武术教育理论与实践研究等。

3.以多元渠道传播与推广武术

中华武术源于中国，但其不仅仅属于中国，也属于全世界各国人民，要想使中华武术走向世界,需要对其进行宣传与推广。今后,我们要利用多种有效的渠道,借鉴各种形式来对中国武术进行全方位、多层次的推广与传播。例如,组织各种武术节、武术比赛、武术培训班,鼓励优秀的武术运动队去其他国家进行武术表演,派遣优秀的武术教练员外出指导国际友人学习中华武术。此外,图书、报刊、影视、广播等也是宣传与推广中华武术的重要传播媒介。

四、中国武术的休闲化发展

(一)武术的休闲功能

作为民族传统运动的典型代表,武术又有"国术"之称。武术是我国优秀的传统运动项目,其主要内容是一系列的技击动作,主要运动形式是套路和格斗,武术讲求内外兼修、天人合一。武术的运动内容(技击动作)及其注重内外兼修的特点,是武术与其他传统运动项目相区别的主要表现。

武术这一民族传统运动项目深受群众喜爱,在我国不同民族与地区大范围传播,群众基础较为深厚。在不同地区和民族独特文化的影响下,各民族与地区又出现了各具特色的武术内容。武术的运动形式主要有五种,即拳术、器械、攻防格斗、对练以及集体表演,其中,拳术极具技击性,而套路演练形式极具表演性和观赏性。

武术发展历史悠久,且在长期的发展历史中与不同文化相融合,对其他学科(哲学、兵学、医学等)的优秀思想与文化进行了吸收,从而构建了庞大且特色鲜明的文化体系。武术的娱乐性主要体现在两点。第一,人们通过习武来愉悦身心;第二,武术与众多的文艺形式都有密切的关系,如舞蹈、杂技、戏曲等,人们通过观赏武术来享受其中的艺术内涵。现今社会中,武术的娱乐性主要表现在武术健身操和搏击健美操中。

我国已经进入了休闲时代,受这一时代背景的影响,人们的休闲观念在不断增强,并积极参与休闲体育运动,传统休闲体育运动与新兴休闲体育运

第二章 中国武术的传承与发展

动各具特色，因而受到了不同群体的喜爱。人们选择传统体育运动作为休闲手段时，自然将传统运动的典型项目——武术作为首选。在休闲时代，武术的休闲化发展要与时代潮流相适应，要不断进行改革与创新，采取休闲模式来实现发展，并在发展的过程中批判地继承武术，合理地利用武术的精华，并将科学的现代理念、时代精神、先进文化内涵赋予武术运动。

（二）武术休闲化发展的思路

1.提高全民武术休闲意识

当前，我国人民群众还没有充分认识到武术的健身价值，针对这一现状，我们应当充分运用现代传媒理论，采用有效的传播媒介来加大对我国武术运动的宣传力度，并积极拓展宣传渠道，使人们对武术运动的休闲价值与功能有更加广泛、深入且持久的了解。与体育相关的媒体都是进行武术休闲宣传的有效媒介，如各类群众体育新闻、运动杂志专栏、体育论坛、运动报刊等。在宣传过程中，要重点宣传武术在身心方面的价值与意义。

通过丰富的宣传形式和有效的宣传途径，能够使人们不断认识武术在休闲方面的积极影响，从而促进人们武术锻炼意识的提高，使其积极参与到习武的队伍中。加大舆论宣传力度还能够使武术运动走进各家各户，让习练武术运动变成一种自觉行为。为了达到预期的宣传目的，取得良好的宣传效果，我们在采取宣传方式和手段时必须谨慎。奖励制度是一种比较可取的武术休闲宣传手段，通过奖励的形式来提高人们对武术运动的兴趣，促进群众习武积极性的提高。国外群众体育发展实践表明，这种方法是具有现实意义且能够取得良好效果的。例如，德国设置"家庭体育奖"、美国设置"总统体育奖"，通过奖励的形式来发展大众体育。

对于国外已经实施的奖励制度，我国也可以借鉴与采用，如对"群众休闲家庭奖"进行拟制与实行，对群众参与传统休闲运动的热情与积极性进行激发，并使之通过实际行动参与到休闲健身的队伍中来。此外，同样能够取得良好宣传效果的途径还有，设立有关武术休闲的宣传栏；发放宣传手册；在节假日设立咨询点；聘请武术专员对相关问题进行解答；开发大型公益广告等。在城乡居民较为集中且休闲活动场地设施资源较丰富的地点进行武术休闲宣传，效果会更好。以上这些宣传方式与手段都有利于传播武术运动的休闲功能，也有利于武术的传承与休闲化发展。

2.加大资金投入，积极进行场馆建设

在现代社会中，运动休闲已经成为人们生活中不可或缺的一个重要成分了，不管是从文明的角度、科学的角度，还是从健康生活方式的角度来看，这都是客观事实。运动休闲的发展有利于促进我国国民身体素质的提高，也有利于我国进一步构建和谐社会，进一步加强社会主义精神文明建设。运用现代媒体大力宣传休闲体育的优点，能够使人们在思想上进一步了解与认识休闲体育。人们只有充分认识到了武术在休闲方面的功能与意义，才愿意在这方面投入时间、精力与资金，才愿意将花钱买休闲变为实际行动，也才能更好地在武术休闲的过程中获得健康，享受愉悦。

随着人们生活条件的不断改善，其对休闲的物质需求越来越高，对此，政府部门应给予高度的重视，在人力、物力方面给予一定的支持，为人们参与武术休闲运动提供基础保障。具体来看，政府可以加大资金投入，兴建休闲场地，配备充足的武术器材，对空间资源的利用进行合理规划，从而为居民的武术休闲健身提供良好的环境与条件，提高人们参与武术运动的积极性。

3.加强对武术休闲理论的研究

随着现代化发展进程的不断加快，我国已进入了"休闲时代"。在新时代，人们的生活已经离不开休闲，运动休闲更是成为人们生活中的一部分，此外，人们对休闲的需求也在不断增加。然而，从理论研究现状来看，我国相关学者对于休闲理论的研究缺乏深度，而对于武术运动休闲的相关研究更是寥寥无几，这就导致人们在参与休闲武术时，缺乏科学的理论指导，理论与实践严重脱节。

我国对武术休闲理论的研究还处于起步阶段，在研究过程中也遇到了一系列棘手的问题，而且在之后的研究中还会遇到各种各样的难题。面对这一情况，我们不但不能放弃对武术休闲理论的研究，反而应进一步重视武术休闲的研究，加大研究力度，以多角度、多层次来进行全方位的广泛且深入的研究，从而促进我国传统运动休闲理论体系的不断完善，为休闲运动项目的实践发展提供科学的理论指导。此外，我国教育部门也应重视这一问题，在高校中设立相关专业，对专业人才进行培养，使这些人才在武术的休闲理论研究中发挥自己的作用，从而有效指导人们的武术实践，促进人们休闲需求的满足。

4. 树立新的武术教育理念

作为体育锻炼的最终目标，"增强体质"已在我们的大脑中根深蒂固。但随着时代的发展，人们的生命观、健康观、价值观在不断变化，人们的需求也在不断增加，在这一形势下，体育的现代内涵并不仅仅反映在体质与健康上。

在学校教育中，教育的目的已不仅仅是对高水平、高素质、高品德的人才进行培养，对于学生身心的全面发展，我们更应给予关注与重视。只有保证学生有健康的体魄和心理，才能在此基础上进一步对学生其他方面的素质进行培养。在学校中对学生进行运动休闲教育，有利于学生终身体育锻炼意识的树立和锻炼习惯的养成。当前，武术操、太极拳等武术运动在我国一些地区已成为中小学课间操的活动内容，很多高校也建立了武术课程，开展了武术教育，而且武术项目在高校还起到了一定的领先作用，对其他民族传统运动项目课程资源的研发和创新起到了积极的推动作用。

此外，在武术教育过程中，教师要注重学生的身心发展，在以学生为中心进行教育的过程中，将教学与娱乐有机结合在一起，利用武术运动的特点，开拓与培养学生的创造思维能力，使学生在一个良好的教育环境中体验与享受武术运动中的休闲因素。

5. 对武术指导员进行培养

我国是一个人口大国，随着社会的不断发展，我国老龄化问题日渐突出，这就意味着我国人民群众将会有越来越多的余暇时间，而且运动休闲群体也会不断增加，面对这一现状，培养休闲体育指导员势在必行。当前，我国的社会体育指导员仅有40万左右，难以满足我国人民群众不断增长的运动休闲需求，因此要不断壮大体育指导员队伍，培养更多的体育指导员人才。

调查发现，当前我国在培养社会体育指导员方面存在着专业性差、地域分布不均衡等问题，在经济落后地区仅有为数不多的社会体育指导员。当今社会，人们对传统运动休闲十分重视，武术作为传统运动的代表，自然受到了更高关注。因此，社会上需要有专业的武术运动指导员来对人民群众进行指导，促进武术运动的大众化与休闲化发展。政府对此应给予重视，加大对传统体育指导员队伍的建设力度，培养高素质、高技能的武术方面的社会体育指导员，让他们走进各地区，对人民大众的武术休闲锻炼进行指导，以使人民群众对武术运动休闲的要求得到满足。这对社会体育工作者而言，既是机遇，也是挑战。

6.根据不同人群需求开发相应的武术产品

社会上不同的人由于生活环境、受教育程度不同，因而形成了不同的世界观、人生观、价值观，也具有不同的兴趣与爱好，每个人的个性特征都很明显，这就导致人们参与休闲活动的动机存在一定的差异。我们需要以不同人群的个性特征为依据，开发适合他们特点的休闲产品，以使不同人群对于休闲锻炼的需求得到满足。下面主要对适合老年人、青少年学生、上班族这三类群体参与的武术休闲项目开发进行研究。

（1）老年人群体

老年人群体不适合参加剧烈的休闲体育运动，他们参与休闲运动的动机主要是锻炼身体，消遣娱乐，因而更倾向参与缓慢的健身休闲运动。针对这一群体进行项目产品开发时，应以缓慢、安全的养生休闲项目为主，如八段锦、太极拳、健身气功等。

（2）青少年学生

青少年学生朝气蓬勃，精力充沛，他们在参与休闲体育运动时追求力量与刺激，渴望表现自我，针对这一群体，可以开发积极向上的武术操，这与学生的爱好兴趣和个性特征是比较相符的。

（3）上班族

中青年上班族容易患颈椎病、鼠标手等疾病，因而在针对这一群体开发武术产品时，应以简单的恢复类项目为主，如武术太极拳等，这有利于防治相关的办公室疾病。

需要注意的是，针对不同的群体要开发哪些具体的传统休闲项目，还需更加专业且经验丰富的专家来研究与设计，有针对性地进行开发，才能使不同群体在参与武术运动的过程中获得不同程度的满足。

五、中国武术的竞技化发展

（一）武术的竞技化发展史

1.武术竞技化的初始阶段

武术具有竞争的属性，从其最初出现开始，较技、竞技、竞争等特征在武术中就有了很明显的体现。古代将武术称为"角抵""角力"，其中"角"的含义就是竞争，即技术和力量的竞争与较量。远古时期就有关于武术竞技的记载。例如，"凡执技论力，适四方，裸股肱，决射御"（出自《礼记·王制》）。从这句话来看，徒手对抗和射箭等竞争性的比赛形式在远古时期就有了。武术正因为具有竞技的属性才能不断绵延与演进，才能进步与发展，而且也正因为武术具有竞争、竞技属性，丰富多彩的武术形式才得以不断形成。

在古代，打擂台，门派、拳种之间的挑战决斗等武术形式随处可见，这些都是武术竞技性的表现。在这些武术形式中，竞技双方展开技术的较量，而且总是拼得你死我活。在冷兵器时代，武术主要运用于军事领域，战士们徒手或使用兵器在战场上搏杀，冲锋陷阵，以求获得胜利。战争一定程度上促进了武术技术的进步与发展。而现代以来，武术套路竞赛是武术竞技性的主要体现。这时，武术作为一项健身运动受到了健身爱好者的青睐，虽然武术技术内容仍具有攻防技击性，但武术的技击属性已被人们忽视了。

20世纪20年代，武术的竞技化发展初见端倪，武术于1924年被列为第三届全运会的一项表演项目，同时制定了简单的评分规则，即按手、眼、身法、步技法进行评分。当时我国举办国术考试，主要也是以对抗比赛的形式进行的，而且也有简单的比赛规则。后来受战争因素的影响，武术的竞技化发展中断。事实上，从20世纪50年代开始，武术才正式踏上竞技化发展之路。1953年，全国民族形式的体育表演及竞赛大会在天津举行，武术是本次大会的主要内容，此次大会不仅组织了武术拳术的比赛，还组织了散手、短兵的比赛，这就促进了武术对抗项目竞赛的初步发展。这次大会的召开使武术大步迈入了现代体育竞赛领域。

20世纪50年代初，不管是何种形式的武术比赛，都是以武术为主要比赛内容。但是，从第一部《武术竞赛规则》(1958年)诞生开始，武术和竞技武术共存的局面逐渐形成。竞技武术套路的发展受到了国家的重视与支持，而且国家倡导借鉴西方竞技体操的发展模式来发展我国的竞技武术套路。最近几百年来，竞技武术的发展速度极快，而且取得了良好的发展成果。竞技武术的出现对武术而言无疑是一个巨大冲击，武术在近百年来大都仅仅以表演竞赛的形式出现在一些场合中，可以说武术已被体育竞技边缘化了。尽管武术的生存环境发生了变化，但其仍顽强地生存了下来，并保留了自身的传统风格和特点。这段时期，受各方面因素的影响，武术的竞技化程度还比较低。

事实上，在武术竞技化的初级阶段，还不能说武术是一项真正意义上的竞技运动。竞技运动的主要表现形式是训练和竞赛，在这两种形式中，人们要尽可能地发挥自身在体能、心理和竞技能力等方面的潜力，要为取得优异的运动成绩而尽最大的努力。一般来说，竞技运动具有三个方面的特征，第一是具有高水平的技艺；第二是具有很强的竞赛性；第三是有统一的竞赛规则，比赛成绩被社会认可。这三方面的特点在武术竞技化发展的初级阶段并没有体现出来，最显著的是，武术竞赛一直都在套用竞技武术竞赛规则，而专门的、统一的武术竞赛规则还未被制定出来，可以说，武术还不具备成为竞技运动的条件。所以说这一阶段的武术并不属于一项真正意义上的竞技运动。

2.武术竞技化发展的探索阶段

20世纪70年代末，我国武术才开始逐渐恢复发展。在1979年以前，我国武术竞赛活动（全国武术比赛、各地方的武术比赛）基本上都属于单一的竞赛形式，即大都以武术套路为主要内容。1979年1月，原国家体委对《关于发掘、整理武术遗产的通知》进行颁发，1982年，第一次全国武术工作会议

第二章　中国武术的传承与发展

召开，原国家体委在此次会议上明确提出，当前发展武术最迫切的任务是对武术进行挖掘，对武术文化遗产进行及时的抢救。武术是中华民族传统文化的重要组成部分，是我国人民智慧的结晶，是我国优秀的民族文化遗产，为了保护与传承这一文化遗产，为了在竞技体育发展的浪潮中更好地保留武术的风格特色，促进武术的可持续发展，各相关部门一直都在努力对属于武术自身的竞赛模式进行探索。

（1）武术竞赛形式的发展

为了对武术进行进一步的挖掘与整理，积极推动武术的传承与发展，近年来，我国相关部门组织与举办了多种类型的武术比赛。由于我国武术内容庞杂，所以很难确定一种统一的武术竞赛模式，我国对此也在不断地摸索，这从各种武术竞赛的名称中就可以看出来，如全国武术观摩交流大会、北京"国际八卦掌联谊会"、河北邯郸的"永年国际太极拳联谊会"、山西"国际形意拳交流比赛大会"、青岛"国际螳螂拳交流比赛大会"等。总之，武术的竞赛形式丰富多样，但目前仍以观摩赛、表演赛、交流赛为主。

（2）武术竞赛项目的探索与创新

我国武术的竞赛形式在近几年发生了一些变化，而且出现了一些新的竞赛项目。在有关部门的共同策划与指导下，我国出现了越来越多的全国性武术竞赛及国际性武术竞赛，此外，功力和对抗性的武术竞赛也在不断出现。全国武术功力大赛有特定的精神规则，共对3类竞赛内容进行了设置，即自选表演赛、规定竞赛、特邀会演。克服阻力、击打能力、灵敏能力、其他能力等是自选表演赛的主要内容；"石锁上拳""流星打靶""桩上徒搏"等是规定竞赛的主要内容，武术绝技是特邀会演的主要内容。从这些具体的竞赛内容来看，大赛具有较高的竞技性。另外，据有关报道称，武术竞赛正在筹备制定自己的竞赛规则，这对于武术的竞技化发展具有积极意义。

目前，我国还未举办过全国性的武术搏斗比赛，但相关的活动已在民间出现。2004年，精图博艺俱乐部举行了第三次MMA（综合格斗）交流活动，对搏是主要的比赛形式，具体内容有剑术、双节棍、拳术，有传统拳与传统拳的对战，也有传统拳与现代拳击的对战，甚至中国拳师对战国外拳击高手的比赛也有。很多武术界的前辈高人都聚集在此，相互交流，共享经验。武术前辈一致认为，武术要有自己的对抗方式，要突出一定的对抗性，并在对抗中传承与发展，在"打"中实现复兴。

（3）武术竞赛规则仍处于探索阶段

对于任何一项运动比赛来说，竞赛规则都是最基本的保证，运动技术的发展也离不开竞赛规则的导向作用，同时，对运动技术的衡量也离不开竞赛这一杠杆。从目前来看，我国举办的武术竞赛所采用的规则都是竞技武术套路竞赛规则，甚至在世界武术节这样的武术赛事中也是在对竞技武术套路的竞赛规则进行套用。专门性竞赛规则的缺失限制了武术的竞技化发展。武术的不断发展和武术竞赛水平的不断提高，迫切地要求我们对武术自身的竞赛规则进行制定，这已经受到了相关机构和专家学者的重视，而且有关部门也在为此不断努力。目前来看，武术功力大赛的竞赛规则基本完备，但武术套路与搏斗的竞赛规则还有待进一步制定与完善。

综上所述，近几年我国对各种不同形式的武术竞赛进行了组织与举办，如国际性的武术竞赛、全国性的武术竞赛、单拳种的武术竞赛等，不管是何种竞赛，表面上看都是武术向竞技方向发展的表现，看似武术的竞技化程度在不断提高，事实上武术的竞赛模式、方法、规则等都没有一个统一的定式。为了更好地区别武术竞赛与竞技武术竞赛，我们必须进一步加强对武术竞赛方法、模式、规则的研究，尽快将其落实。总之，当前我国武术的竞技化发展尚且处于探索的关键时期。

（二）武术竞技化发展的建议

要想使武术在竞技化道路上健康发展，就要避免走竞技武术发展的老路，同时也要注意保留武术的技击特性，不能将武术变成不再具有传统韵味的西化"武术体操"。武术竞技发展的重点是技击还是表演，这需要我们认真思考，如果单纯认为武术竞技发展就是开展武术套路的表演竞赛，那么武术的竞技化发展就难以摆脱竞技武术发展的老路。套路虽然是武术的重要表现形式，但其并非武术的唯一表现形式，格斗、搏击和功法运动也是武术的几种主要表现形式，因此在竞技化发展中也要将这些表现形式重视起来。

邱丕相先生认为，武术是一个完整体系，在武术的竞技化发展中，要时时刻刻注意这一点，不能简单地割裂武术，必须从整体的角度来推动其发展。如果在推动武术竞技化发展的道路上，只是单纯注重举办武术套路竞赛（或功法竞赛、搏斗竞赛），那么随着时间的不断推移，武术套路与散打便会完全分离，武术便不再是一个完整体系。

当前，我国举办武术竞赛是从套路、搏斗、功法三个方面进行的，这三个方面相互独立，几乎没有任何联系。因此人们在参与赛事的过程中无法意识到这三个方面都是武术体系的内容，而且人们单独参与其中一种赛事，也难以全面提高自己的武术修养。因此，我们在举办武术竞赛的过程中，应将功法、套路和搏击三方面有机结合起来，参赛者既可以选择其中一个项目，也可以参与三个项目的全能比赛，这样就能够将参赛者在武术方面的修为很好地反映出来，也能够更进一步促进武术的竞技化发展。

第三章 中国武术教育传承的思考

在中国传统教育中，武术是一个不可或缺的重要组成部分。武术具有重要的教育功能，能够促进个体德智体美全面发展。作为中华民族传统文化优秀代表的中国武术，还具有培养青少年民族自尊心、自信心以及民族精神的重要教育功能，要将中国武术发扬光大，就必须以本土传承为立足点，然后逐步实现对外开放与国际传播。在中国武术的本土传承中，学校是必不可少的"主战场"，利用学校的教育资源，依托学校的教育环境，推动武术的本土传承及其拓展，使武术的教育价值充分发挥出来，无论是对武术自身发展，还是对学生的发展，都具有重要的促进作用。本章主要对中国武术教育传承进行研究，主要内容包括教育对中国武术传承的意义、中国武术教育传承的迫切性、中国武术的历史教育传承、中国武术教育传承的现状与影响因素以及中国武术教育传承的发展。

第一节　教育对中国武术传承的意义

一、教育是中国武术传承的"基石"

在中国武术传承中，教育是"基石"，这是毋庸置疑的。教育在促进武术传承方面的作用是其他传承方式不可替代的。武术文化的延续、创新都离不开教育，在武术的发展与演变历史中，教育作为不可缺少的条件与环节从未缺席过。只有通过教育才能使武术文化得以延续。概括而言，武术文化的延续主要有以下两种方式。

第一，运用各种符号（如语言、文字）加以记录和实物保存，利用这种方式来传承武术文化，主要是通过对物质载体的借助来将武术文化成果客观化和外在化。例如，武术的兵器、书籍、拳种技术等就属于以这种方式延续下来的。

第二，以个体的行为方式加以延续与传承。这种文化延续方式需要人参与才能发挥作用。比如，武德、武术文化内涵以及武者的精神品质等都需要人类通过自身行为方式来传承，也就是说，习武人的行为方式、思维方式能够反映出武德、武术精神和武术内涵。习武人能达到这样的境界，与教育有很大的关系。

中国武术的延续离不开教育，同样，中国武术的更新与创新也离不开教育。如果没有人去学习武术文化，不在实践中运用武术文化，那么武术的再造能力和创新发展能力就无法提升。中国武术博大精深，但它也有一些消极落后的文化因素，这就需要通过教育去教人们辨别精华与糟粕，引导人们正确认识武术文化，形成科学的武术观。在武术文化教育中，也要根据现代社会的需要对武术传承模式、体制等进行更新与完善，并不断树立科学的、适应时代需求的武术教育观，从而在保留武术精髓、继承武术文化遗产的同时，推动武术向新时代跨越，形成既具有传统文化特征、又具有时代特征的武术文化体系，这是文化强国建设赋予武术教育的重要使命。

今天，全民健身运动在全国范围内广泛开展，学校体育在全民健身发展中发挥着重要作用，而武术又是学校体育的重要组成部分之一，借助全民健身的东风，学校武术教育的发展也逐渐受到重视，其在传承武术文化方面的作用将得到进一步发挥。

二、学校是中国武术传承的"主战场"

学校是传播知识、创造知识的重要场所，教师是教书育人的主体，肩负着传播文化知识的重任。武术教师的职责不仅是传授武术知识与技能，还包括对中国武术文化的弘扬与传播。学生通过文化学习，不断积累知识，认知水平不断提升，也有利于他们更好地理解武术文化，进而传承武术文化。学校是中国武术传承的主阵地，学校教育是武术传播与弘扬的有效途径。文化教育在历代一直很受重视，与此同时，培育学生的身体素质与运动素质在一定程度上也是受重视的。武术是具有中华民族文化特色的一种特殊身体运动形式，它既能使人强身健体，又能培养人的道德、智力和审美素养，促进人全面发展。可见，武术在塑造个性、促进全面发展等方面具有重要意义，它的社会文化教育功能是其他身体文化形式不可替代的。

将学校作为传承武术文化、重塑武术形象的"主战场"，是武术文化本土传承的要求。传承中国武术，使其弘扬海内外，要从青少年抓起，青少年的成长离不开学校教育，因而对青少年武术素养的培育也要以学校教育为途径。我国青少年儿童是一个庞大的群体，在各级各类学校中，面向这一庞大的群体广泛传承中国武术，能够提升武术传播的效率和传承的质量。这充分说明学校在武术传承方面所具有的优势是非常明显的，因此必须坚定不移地将学校作为武术本土传承的"主战场"。

第二节　中国武术教育传承的迫切性

一、传承与传播民族传统体育文化的需要

我国是多民族国家，发展历史悠久，在漫长的历史中人类创造了丰富而灿烂的优秀传统文化，文化传承的历史已有五千年，其中民族传统体育文化作为传统文化的重要组成部分而传承至今，彰显出顽强的生命力。如今，在全球化、一体化的世界大背景下，西方竞技体育在世界体坛占据强势的主导地位，而中华民族传统体育并没有足够的生存空间，部分传统体育项目已经消失或濒临消失。面对这个严峻的问题，我们不能视而不见，而应该在继续发展经济的同时也重视文化的发展，依托强大的经济基础而唤醒民众的民族传统文化保护意识，提高人们传承与保护民族传统体育文化的意识。在文化全球化、非遗保护等视域下，探讨民族传统体育文化的传承与发展问题十分重要且必要。

二、学生全面发展的需要

青少年学生是民族的希望，是社会主义建设不可缺少的后备人才资源。学生能否全面发展，对中国特色社会主义现代化建设能否顺利进行有直接的影响。中华民族能否继续崛起，艰巨的历史任务能否顺利完成，我国在世界上的国际竞争力能否不断提升，很大程度上都受到青少年一代能否全面发展的影响。所以说，促进学生全面发展意义重大。

武术根植于中华民族传统文化的土壤中，是先辈们智慧的结晶，是人类文明发展的成果。时至今日，武术经历了漫长的发展历史，形成了独特的健身功能、教育功能、竞技功能和军事功能，并具有重要的当代社会价值，这

为武术教育的发展提供了优势。开展武术教育，在学校传承武术文化，有助于青少年学生思想道德水平的提升、身体素质的增强和美学素养的发展，也有助于培养青少年坚强的意志品质和积极进取精神。武术教育传承中，充分挖掘武术的健康价值、德育价值、美育价值和智育价值，从而促进学生德智体美全面发展，提升学生的综合素质，这对传承武术文化和促进学生成长成才都具有重要的现实意义，可谓一举两得。

三、完善武术教育的需要

武术在漫长的历史进程中，与多种文化互动、交融，形成了集众多文化内涵于一体的武术文化体系，武术技术是武术文化的外在表现。我们之所以将武术称为"中国武术"，看重的就是其外在技术之外的丰富文化内涵。中国武术教育对技术教育比较偏重一些，武术教育中挖掘的教育价值也多是体育形态下的价值，而武术的文化内涵、武术教育的文化价值却被忽视了，这是武术教育中存在的一个非常大的弊端。在西方体育教育的模式下实施中国武术教育，将西方体育教育方法套用于武术教育中，必然会忽视武术的中华民族特色，制约中国武术文化的传承与发展。

武术教育的锻炼属性是表层的，文化属性和教育属性是深层的，武术教育实践中往往强调表层而忽视深层，外层的技术教学撑起了武术教育的整个内容体系，导致武术教育徒有外在的空架子，而缺少了核心的东西。这样一来，在各种教育思想相互融合的文化教育中，武术教育因为核心思想不明确、特色不明显而成为其他教育的附属品，甚至被完全忽视。在弘扬民族文化、建设文化强国的时代背景下，完善武术教育势在必行，以武术教育传承武术文化，能够弥补武术教育中缺失的内核，挖掘武术表层技能背后的文化内涵，使武术文化教育在武术教育中占据重要位置。

第三节　中国武术的历史教育传承

在中国武术的历史教育传承中，曾设立了专门的组织机构，大体上可以将武术历史教育传承划分为两种类型，一种是以军事武艺为中心的官学教育传承，另一种是以民间武术为中心的私学教育传承。这两种传承方式相互交融，具体形式如图3-1所示。

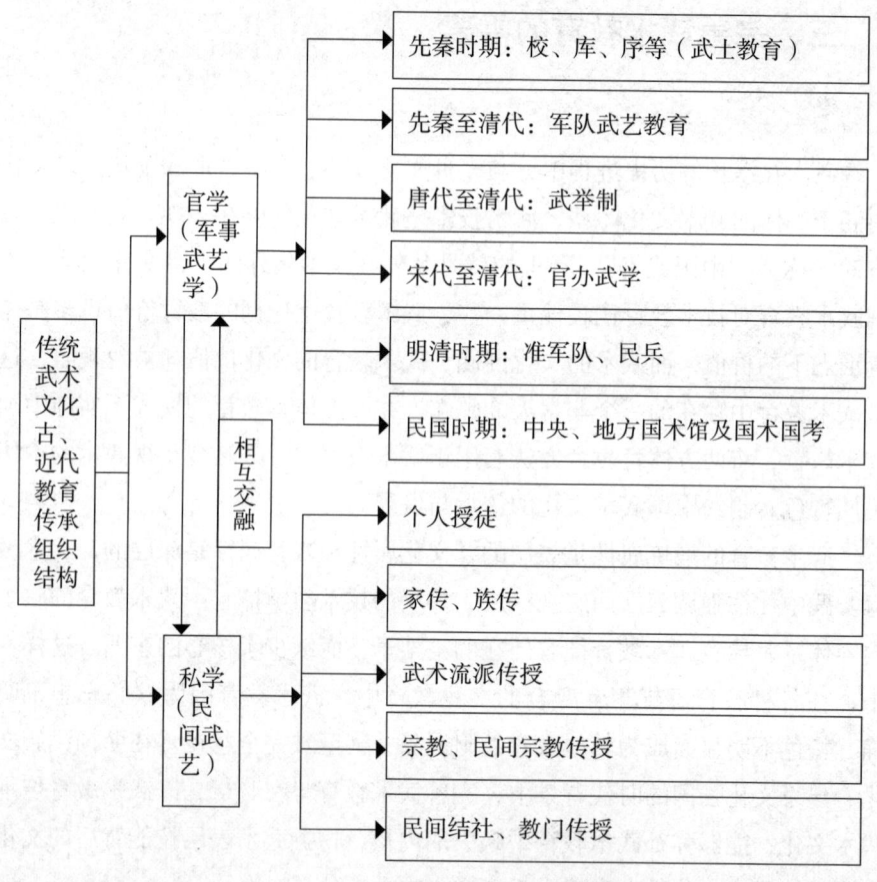

```
传统武术文化古、近代教育传承组织结构
├── 官学（军事武艺学）
│   ├── 先秦时期：校、库、序等（武士教育）
│   ├── 先秦至清代：军队武艺教育
│   ├── 唐代至清代：武举制
│   ├── 宋代至清代：官办武学
│   ├── 明清时期：准军队、民兵
│   └── 民国时期：中央、地方国术馆及国术国考
│   （相互交融）
└── 私学（民间武艺）
    ├── 个人授徒
    ├── 家传、族传
    ├── 武术流派传授
    ├── 宗教、民间宗教传授
    └── 民间结社、教门传授
```

图3-1　武术历史教育传承组织结构[①]

---

① 许可.中国传统武术文化教育传承研究[D].重庆：西南师范大学，2005.

第三章　中国武术教育传承的思考

一、官办武学

官办武学是中国古代专门的武术教育机构。武学，有广义和狭义之分。从广义上来说，所谓的武学就是指武术教学活动；从狭义上来说，是指古代培养军事人才的专科学校。武术教学活动很早就出现了，并且以官学和私学的形式存在，传延至今。传授武艺专门的教育机构最早在夏代就出现了。我国古代的官办武学有其设立的历史原因及其学习内容，见图3-2。

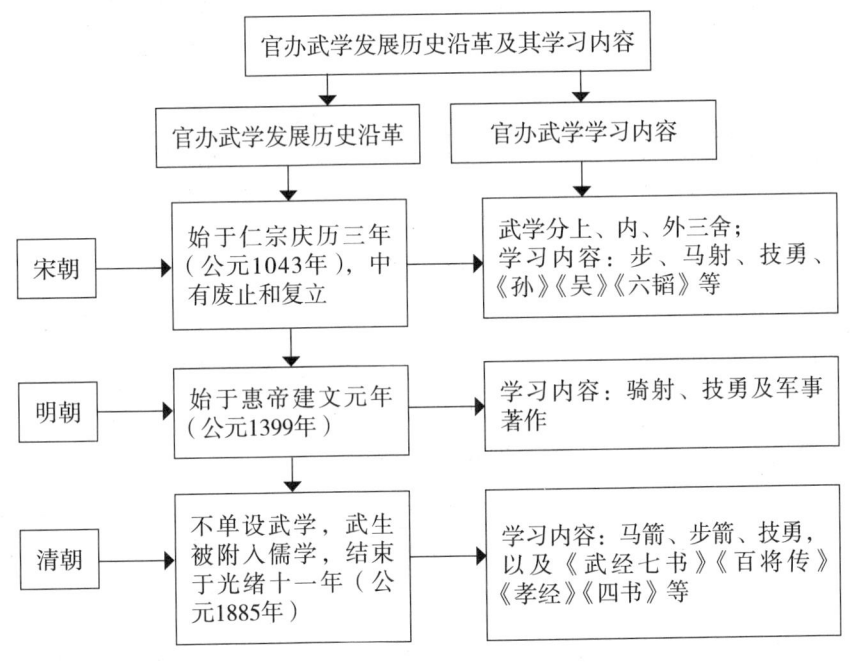

```
                    官办武学发展历史沿革及其学习内容
                              │
              ┌───────────────┴───────────────┐
      官办武学发展历史沿革                官办武学学习内容
              │                                │
   ┌─────┐  始于仁宗庆历三年          武学分上、内、外三舍；
   │宋朝 │→（公元1043年），中 →     学习内容：步、马射、技勇、
   └─────┘  有废止和复立              《孙》《吴》《六韬》等

   ┌─────┐  始于惠帝建文元年          学习内容：骑射、技勇及军事
   │明朝 │→（公元1399年）      →    著作
   └─────┘

   ┌─────┐  不单设武学，武生          学习内容：马箭、步箭、技勇，
   │清朝 │→ 被附入儒学，结束  →     以及《武经七书》《百将传》
   └─────┘  于光绪十一年（公          《孝经》《四书》等
            元1885年）
```

图3-2　官办武学的历史沿革①

中国武术文化教育传承也在一定程度上受到官办武学的影响，具体来说，官办武学开设及实施的意义主要表现在以下几个方面。

---

① 许可.中国传统武术文化教育传承研究[D].重庆：西南师范大学，2005.

首先，官办武学的开设，不仅使我国古代的教育制度得到进一步丰富和完善，同时，也为武举制度的实施提供了许多优秀的生源，对武举制度的发展起到积极的促进作用。由此，也在一定程度上使武术教育没有政府承办的历史现实得以结束。

其次，官办武学的设立和发展，为武术在社会上的传播创造了良好的条件，从而对民间武术的快速发展起到积极的促进作用。

最后，官办武学的设立和发展，对武术教学理论的研究以及武术与兵家谋略和阴阳家思想的结合起到积极的促进作用，进而推动了专门从事武术教育的武学教职出现。

二、私学

武学机构和军队虽然在武术历史教育传承中发挥了主要作用，但它们不是武术教学活动发生的主要场地。而在武术历史教育传承中，教学活动主要发生在民间，武术也是从民间广泛流传开来的。武术私学教育在武术历史教育传承中做出了不可磨灭的贡献。

武术私学教育包含的武术教学活动有多种形式，如拜师学艺、武术家传、武术宗传、武术族传等。虽然史册中记载的民间武术教育活动较少，但它们确确实实在中国武术文化传承与发展中发挥了重要作用。最初，武术技击教学被融入一些民间娱乐活动、宗教活动，族传是原始武术教育的主要形式。春秋战国时期，随着阶级分化和习武之风在民间的盛行，武术特殊人群——"侠"（以武技谋生）出现在民间。这一群体武艺高超，并向后人传授武艺，民间传授武技之风由此出现。宋代时期，民间出现一些以社命名的专门进行武艺传习的组织，便于武术爱好者相互交流和切磋。明清时期，民间武术拳种流派众多，各流派的高人都是出自民间，各种拳术也主要在民间私授，正因如此，很多拳种才流传至今。

第四节　中国武术教育传承的现状与影响因素

一、中国武术教育传承的现状分析

（一）竞技武术在武术教育中的绝对地位

西方体育思想在近代以来逐渐传入我国，并得到了迅速发展，至此，我们始终在走一条西方的身体教育之路。我国学校体育教育几乎被西方体育所垄断，这不仅体现在教育教学的理念方面，还体现在体育教育教学内容方面，我国体育教育中，传统民族文化所占的比例与竞技体育相比相差甚远。我国武术运动虽然在与教育逐渐融合，但受西方体育教育思想的影响，学校开展的武术教育以竞技武术为主。我国有一些学者已经深入研究了现代武术的异化问题。

随着竞技武术的高度发展，现代武术套路对高、难、新、美有突出的强调，在武术套路被一改再改后，其原有的技击有效性特征已经很不明显了。有学者曾说过，武术套路经过不断的修改之后，已经沦为了喜剧、体操、舞蹈的"奴婢"。虽然武术运动的现代化程度越来越高，但这一发展趋势并不那么被人认可，什么是"武"？为什么要"武"？随着武术的现代化发展，人们已经不知道该如何回答这两个问题了。从现代武术的发展来看，人们不再是为"武"而"武"，他们之所以"武"，是为了从中获取某种利益，达到某种现实目的。在各种利益和目的的驱使下，武术运动的技击有效性逐渐弱化，竞技性日趋凸显，因而竞技武术得到了快速发展。

竞技武术成为武术教育中的一枝独秀，并非偶然，这不管是从武术自身的发展变化方面，还是从教育方面，都能看出端倪。20世纪80年代，武术的竞技化发展趋势就很明显了，当时的国家体委负责人荣高棠针对这一问题提出了自己的看法，认为如果一味为了某种利益而改革武术，就是毁了中国的传统武术项目。同样，如果仅仅将竞技武术作为武术教育的主要内容，那么通过武术教育传承武术文化的目的必定难以实现。

（二）教育中武术文化核心层面的忽视导致认识的偏差

武术套路在学校武术教育中是最主要的一部分内容，这部分教学内容存在的一个主要问题就是过于单一。教师演练武术套路，并配合讲解，学生模仿教师的演练，这样学生很难对武术的技击性形成准确的认识。同时，外来武技因简单、易学而吸引了很多学生，学生在对传统武术和外来武技进行对比后，纷纷弃传统武术而去，选择习练外来武技，这样传承武术文化也只能成为"空中楼阁"。

很多学校在开展武术教育活动的过程中，都忽视了武术文化是武术最具内涵的内容，武术文化是在我国传统文化氛围中形成与发展的，其与中国伦理学、传统哲学、医学、美学、兵法等传统文化有着千丝万缕的联系。在各校的武术教育中，武术文化的教育几乎没有得到任何重视。再加上教材的缺乏和武术教师水平有限，学生始终难以悟到武技背后的文化内涵。武术文化教育的缺失使得学校很难通过武术教育传承武术文化。

（三）多元化文化选择的现实削减了习武人数

有学者认为，一种文化的兴衰一定程度上取决于拥有这种文化的人数。但是，由于文化的多元化发展，使得我国习武人数在逐渐减少，这也是我国武术文化传承中遇到的一个非常严峻的问题，习武人数的减少意味着文化传承主体的减少，这必将导致武术文化走向流失与衰落的境遇。

从我国武术文化自身的发展来说，竞技武术渐渐成为一枝独秀，中国武术自身所具有的多元文化内涵都被竞技武术吞噬了。从外来文化环境因素来说，我国实行文化开放政策后，大量的西方文化涌入我国，对我国各种传统文化造成了严重的冲击。不仅如此，西方文化的涌入还影响了我国青少年的世界观、人生观及价值观，他们将对西方文化的追求看作对时尚的追求，因此广泛关注与参与"空手道""跆拳道""健美操""瑜伽"等从外国传来的体育运动。这些西方体育运动在引入我国各类学校后，受到了学生的普遍欢迎与喜爱，但传统武术却无人问津，因此学校中的武术学生在逐渐减少，未来武术的群众基础也难以保证。

（四）师资能力难以满足学校武术传承的需要

学校是武术赖以生存、传承、发展、创新及与时俱进的重要基地，学校中承担传递武术文化与武术技能这一职责的主要是具备一定素质与能力的专业武术教师。如今，我国学校武术教育中，能够承担这一职责的武术教师较少，这对武术文化传承的顺利进行造成了严重制约。面对这一问题，我们要重点研究武术教师的来源。

目前，全国体育类高校和各高校体育学院内的体育教育专业武术专选学生与民族传统体育专业学生，是我国学校武术教师的主要来源。体育教育专业武术专选学生通过高考普招和体育加试考入高校，这类学生文化基础较好，但缺乏武术基础，很多学生之前并未参加过系统的武术训练。因此，在专项学习课时有限的情况下，学生很难将规定的教学任务顺利完成。同时，受课时的限制，学校为理论课安排的时间较少，虽然学生的文化接受能力良好，但缺少学习的时间，还是很难保障正常的理论知识学习。面对种种因素的影响，体育教育专选学生要想对武术专项理论知识和技术动作进行全面且深入的掌握有一定难度。

民族传统体育专业学生在参加独立的文化课考试和严格的专业技能考试后考入高校。这类学生参与武术训练的时间比较早，而且接受的武术训练较为系统、专业，因此专业技术能力较强，但因为现行武校多注重对学生技能的培养，不注重文化课教育，所以这些学生虽然武术技能水平良好，但文化水平却远远比不上非体育专业的学生。可见，这一专业的招生模式存在着严重的重技术、轻文化的问题，这一问题直接导致了这类学生文化知识的欠缺。同时，民族传统体育专业在课程设置、教育方式上也存在不足，如课程设置较窄、人文氛围缺乏等，这样培养出来的学生虽然有较强的专业性，但缺乏灵活性，知识掌握得少，文化水平极其有限。这样的学生将来在步入武术教师的岗位之后，很难胜任工作。

通过上述分析可知，我国在培养武术教师方面存在着严重不足，这就导致现有的武术教师或者是理论知识丰富，但缺乏技能；或者是技能水平高，但缺乏文化素养。在武术教育中，武术教师的理论知识和武术技能都很重要，缺乏其中任何一方面，都会影响武术文化在武术教育中的顺利传承。

二、影响中国武术教育传承的教育因素

（一）教育者

教师承担着直接教育人的责任，学生的成长会深受其言行影响。教师的知识水平直接影响着学生的专业知识水平。因此，教师要自觉树立教书育人、为人师表的思想，以身作则，积极影响学生。武术教育与西方式体育教育和文化课的教育都不同，这正是其特殊之处。武术是一项民族特色鲜明的传统体育项目，其承载着优秀的民族传统文化，通过武术教育，不但可以增强学生的体质与武术技能，而且能够培养学生的道德品质与文化修养。这种"文武共体"式教育要求武术教师既要具有良好的技能教授能力，又要具有高水平的文化传播能力，而这前提是其本身具备一定的传统文化素养和技能水平。武术教育的成功与否直接受武术教师是否具备专业素养的影响。

武术教育不仅要完成武术技能传授的任务，而且要完成武术文化传承的任务，文化传承是融于武术技能教学中的文化行为。武术教师作为武术技能和武术文化的传播者，能否深刻理解技能深层的文化内涵，能否准确把握武术文化内涵，能否使学生理解与接受自己传播的内容，直接决定了武术文化在武术教育中能否得到有效传承。

（二）受教育者

武术教育中，学生是主体，其接受教师传播的知识，并对所学知识进行进一步传播。学生对武术文化的认可与接受有利于促进武术文化在教育中的有效传承，并有利于推动武术文化的持续传承。

青少年学生是武术文化得以传承与继续发展的重要基础，但当前的学生很少有认可武术文化的，甚至排斥、摒弃武术运动，认为武术运动不流行，他们更愿意参与西方的时尚运动。外来各种文化对我国广大青少年学生群体造成了严重影响，他们的价值观、世界观在西方文化的影响下也发生了改变，学生群体对武术文化甚至是民族传统文化的错误认知就是由此造成的。西方文化的影响越持久，学生就越不容易接受武术教育中的武术文化，甚至会产生抵制心理，这对武术文化的传承发展具有消极的影响，会使武术文化甚至是整个民族文化数千年连绵不断的"传承链"断裂。

（三）教育内容与手段

教育影响主要指的是学校教育的内容和手段，这是连接教育者和受教育者的中介，是促成教育者和受教育者相互联系的桥梁。

要想在武术教育中传承武术文化，就需要武术教师借助各种形式与条件向学生传授适当的文化内容，并尽可能地使学生能够接受与理解自己传授的内容。在我国的武术教育中，教育内容单一的问题十分明显。目前，我国武术教育中以竞技武术技术为主要教学内容，并强调对套路运动的传授，对武术整体技术体系的展示没有予以相应重视，这样，武术的内涵与本质特征在武术教育中很难展示出来。同时，武术教学过程中，理论、技术与文化的教授比重有很大的差距，一般一堂武术课中以技术内容的传授为主，武术理论与文化内容由学生自学，这样分配教学内容，很难在武术教育中使武术文化得到有效传承。

武术教育中所采用的教学模式依然是传统的教师教、学生学的单一模式，教师在整个教学过程中都是居于主体地位，学生在接受内容的过程中显得较为被动，而且没有将自己的主动性与探索意识发挥出来，长时间采用这一模式进行教学，学生难免会有厌学情绪，而且也容易对武术课程产生排斥心理。武术教师在运用教学方法的过程中，多以讲解、领做与口令、示范、纠正错误、练习等方法为主，从教师选用的教学方法就可以看出，教师教给学生的大都是武术技能，而没有将武术理论与文化的教学安排在自己的教学计划中。因此，学校必须充分重视武术理论与文化教育的重要性，必须使武术教师在这方面内容的教学中发挥创造性思维,结合实际对新的教学方法进行探索,实现武术文化的持续传承。

第五节 中国武术教育传承的发展

一、通过政策支持提升武术教育的地位

国家的重视与政策的扶持是发展武术与传承文化的重要依靠,在教育中传承武术,就要明确武术在教育中的位置,提升武术教育的地位。第四次全国教育联合会议于1918年在上海召开,该次会议明确提出,在学校体育加入武术项目,并指出武术是我国特殊的一项运动项目。这一会议要求对促进武术运动在学校中的普及与发展起到了积极推动作用。此外,《中小学开展弘扬和培育民族精神教育实施纲要》中明确指出,将武术等内容适当地加入体育课中,通过武术教育来弘扬和培育民族精神。当前,全球各国之间的竞争不仅是经济的竞争,也是文化的竞争,在这一环境下,我国要转变"武术是西方体育理论指导下的身体练习"这一片面认识,应对武术的文化传承价值与教育价值有一个充分的认识。武术与民族传统文化之间存在着千丝万缕的联系,其是中华民族文化的一个重要组成部分。武术教育作为武术文化的一个表现形式,在传承整个民族文化的过程中发挥着非常重要的影响,所以说武术教育是一个非常有价值的文化传承平台,我们要充分利用这一平台将我国的传统武术文化传承下去。

二、对武术文化传承内容加以明确

要通过教育途径传承武术文化,我们需要明确传统武术文化传承内容。

(一)明确总体的武术文化传承内容

作为中华民族的历史宝贵文化遗产和中华民族传统文化的独特表现形式,武术文化是在长期的社会实践中不断形成和发展起来的。武术文化的发展对于传承中国传统文化和推动中国文化的繁荣发展具有积极作用。武术文化与我国传统哲学、伦理、军事、艺术、医学等文化都具有十分密切的关系,这些文化都是我国绚丽多姿的文化整体的组成部分。可以说,整个民族文化的基本特征能够通过武术文化侧面反映出来。武术文化是在中国文化这块肥沃的土壤中发展起来的,经历几千年的不断分裂与融合以及长期历史积淀,成了博大精深的优秀民族文化,我们难以想象其包含多么繁多且复杂的内容。对此,我们要清楚地认识到,在学校开展武术课程教学期间,要使学生通过武术学习对武术文化中的哪些内容进行传承,如何传承,明确这些问题十分关键。

武术文化内容繁多,但并非流传至今的内容都是与当今社会需要相符的,与学生教育需要相符的。因此,要通过教育的途径传承武术文化,要将武术的文化传承价值作用充分发挥出来,就必须在继承武术文化的过程中,挖掘与整理武术文化内容,对与社会发展需要相符的精华部分进行提炼,对发展相对陈旧的文化内容进行删除或改造,并对文化课的教学方式加以借鉴,以弘扬与传承民族文化,促进青少年身心健康发展为指导思想,对武术文化教学专用教材进行科学编撰,避免"巧妇难为无米之炊""眉毛胡子一把抓"等不良局面出现。此外,武术文化内涵丰富,囊括了丰富的内容,学生如果只了解基本的内容是远远不够的,必须全面掌握武术文化的内容,这样才能更深入地理解武术的精髓,也才能更好地对武术文化进行传承。

（二）明确教育不同阶段的文化传承内容

教育具有层次性和渐进性。在学校开展武术文化教育的过程中，要针对不同年龄阶段的学生进行有针对性的教育，否则盲目地教学只会使学生学习与探索武术文化的兴趣丧失。例如，对于小学生而言，在情感方面，小学生对新鲜事物具有一定的热情，但很容易受外界环境的影响，其会积极参与到自己喜欢的事情中，而远离自己不感兴趣的事物；在思维和想象方面，小学生喜欢想象，对未来有美好的憧憬；在记忆、感知方面，无意识记、具体形象识记和机械识记是小学生的主要记忆形式，其注意力不容易持久集中，且兴趣会影响其注意力集中程度。针对以上这些有关小学生的特征，武术教师在武术课程教学中，所传授的武术文化内容不能过多、过深，应以基本的武术礼仪、武德为主要传授内容，为了提高小学生的学习兴趣，可以通过影像资料、武术名人轶事来吸引小学生的注意力。

三、加强宣传，促进习武人数的增加

在武术文化的传承体系中，传承者居于重要地位，是实现文化传承目标的基础与前提，因此必须提高武术在大众中的影响力，巩固群众基础。不管是现在，还是未来，学生都是重要的武术参与群体，承担着传承武术文化的重任。因此，要通过武术教育来最大限度地吸引学生参与武术运动，从而为武术的广泛传承奠定扎实的基础。

在学校武术教育中，将武术的优势充分发挥出来是提高武术对学生吸引力的主要途径，也是提高学生学习兴趣的重要措施。在武术课程项目教学过程中，学校可以组织武术表演活动，从而吸引学生关注；可以对武术社团进行组建，以使武术爱好者聚集在此，共同学习与进步；可以对校园武术竞赛定期加以举办，促进学生习练武术的动力不断增强。

总之，学校要通过组织各种形式的武术活动来加强对武术的宣传，从而对广大学生产生吸引力，使学生能够积极参与其中，从而为武术的传承与发展做出自己的贡献。

四、注重培养专业武术教师

武术教育中，武术知识与学生之间需要武术教师来连接，教师是传播武术知识的直接执行者，也是引导学生学习武术的主要教授者，其对传承武术文化具有重要的影响。武术并非一项单纯的身体运动，其博大精深，蕴含着丰富的文化内涵与哲学知识。因此，并非有一定武术基础的人就可以胜任武术教师这一职业，要想胜任这一工作，就必须系统地接受专业训练。因此，在以武术教育途径传承武术文化的过程中，专业武术教师发挥着关键的支撑作用。

评价一名武术教师是否合格，不仅要看其是否具有高水平的武术技能，还要看其是否掌握了武术技能背后的文化内涵。同时，还要看其是否能够有机地将武术技能与其中的文化哲理结合起来。因此，在培养武术教师的过程中，不仅要培养其武术技能，还要使其掌握丰富的武术文化，不可只偏重技能而不注重文化方面的培养。对教师武术技能与文化的培养有助于促进教师文化教学能力与技能教学能力的提高。如果一名武术教师掌握了高超的文化技能，但文化知识缺乏，没有深入理解武术文化的深层次内涵，那么其技能教学能力相对较高，而文化教学能力较弱。反之，如果武术教师掌握并理解了丰富的武术文化内涵，却不具备高超的武术技能水平，那么其只有文化教学能力而没有技术教学能力。但是，从当前来看，很多学校都只重视从武术技能方面培养武术教师，而武术文化知识的培养却被忽略了。

要全面培育合格的武术教师，需要从以下两个方面来进行努力。

（一）对准武术教师的培养

武术馆校较为优秀的武术运动员，各师范院校、体育院校的体育教育专业武术专项，民族传统体育专业武术专项等群体都是准武术教师。对不同的群体要进行不同的培养。

（1）师范院校、体育院校体育教育专业的武术专项群体武术技能水平不高，只了解一些比较浅薄的武术知识，虽然是师范专业，但在学校武术教学中并不一定能够开展高质量的教学活动。针对这类群体，要着重培养他们的武术技能，多安排时间使他们学练武术技能，逐步促进其武术技能的提高。

（2）民族传统体育专业武术专项和武术馆校较为优秀的武术运动员群体，他们的武术技能水平比较高，但对武术理论知识却掌握得较少，在训练方面虽然有一定的优势，但是教学能力比较欠缺。针对这类群体，要多使其学习武术文化和理论知识，对这类群体进行考核时，武术文化、理论方面的比重可适当增加，从而使该群体重视学习武术文化和理论知识。

（二）对在职武术教师的培训

在职武术教师从事一线武术教学工作，教学经验较为丰富，但是他们所掌握的知识较为陈旧，而且不注重学习新知识，不注重更新自己的知识库，这样，他们传授的知识很难吸引学生的兴趣与注意力，长而久之对于武术的可持续传承与发展产生不利的影响。因此，对在职武术教师进行培养的过程，必须定期定点对其展开培训，引导其对自己的知识系统进行更新。

第四章　学校武术课程建设与教学理论构建

　　学校武术课程设置得合理与否，对武术教学能否顺利进行和教学效果的好坏具有决定性影响。因此学校要科学合理地设置武术课程，构建与完善武术课程教学理论体系，从而为武术教学工作的顺利开展及武术教学实践提供基础保障和科学指导。本章主要对学校武术课程建设与教学理论构建展开研究，主要内容包括武术学科建设与发展概况，武术课程设置，武术教学的原则与方法、设计与评价。

第一节 武术学科建设与发展概况

一、武术学科结构体系建设

（一）武术本体学科结构

1. 基础理论

关于武术整体认识的理论即为武术的基础理论，武术史、武术学和武术概论是武术基础理论的主要内容。

（1）武术史

武术产生与发展的历史进程是武术史的主要研究内容，通过对武术的演进进行研究，可以对其发展规律进行探索与揭示。在武术史中，有大量关于武术拳种与器械类项目的发展历史。

（2）武术学

武术学主要是从学科学的角度对武术进行探究，主要研究内容如下。

①武术理论的形成过程、变化特征和发展方向。

②武术体系的整体结构及分支科学、分支学科的分类原则、各学科形成与发展的规律、各分支学科间的关系。

（3）武术概论

武术概论是对武术进行的客观的总体论述。武术的概念、特点、价值与功能、流派与分类等都是武术概论的主要研究内容。

2. 技术理论

对武术各流派的动作特点、技术风格、技击方法等进行的技术性分析与研究理论就是所谓武术技术理论，该理论的研究较为具体，主要是从理论着手总结武术技术实践。武术技术理论对于人们深刻理解武术技术、进一步探索技术深层理论具有积极影响。功法原理、攻防技击原理、拳械技法原理、技术创新研究等都是武术技术理论的主要研究内容，下面进行简要分析。

（1）功法原理

练功特点、原理、方法与手段等是功法原理方面的具体研究内容，这里的功法原理既包括传统练功原理，也包括现代练功原理。

（2）攻防技击原理

实战项目（如散打）的技击原则、技击方法、技战术等是攻防技击原理方面的具体研究内容。

（3）拳械技法原理

各种拳械技术的共性规律，各个拳械项目的动作结构、技法特征、技术风格等拳械技法原理方面的具体研究内容。

（4）技术创新研究

技术创新的原则、方法，创新出的新动作、新技术、新套路等是技术创新研究方面的具体研究内容。

3.应用理论

对武术发展实践中各种相关问题进行研究的理论即为武术应用理论。武术教学理论、训练学、竞赛学、管理学、经济学等是武术应用理论的主要研究内容，下面对此进行简要分析。

（1）武术教学理论

武术教学特点、教学规律、教学原则、教学方法与手段、教学步骤与程序、教学组织形式等是武术教学理论的主要研究内容。这里包括各类武术项目的教学理论。

（2）武术训练学

竞技武术的训练规律、训练特点、训练原则、训练方法与手段、训练计划、训练过程、运动员选材等是武术训练学的主要研究内容。

（3）武术竞赛学

有关武术竞赛的理论如竞赛规则、裁判法、组织编排、竞赛体制、竞赛法规建设等是武术竞赛学的主要研究内容。

（4）武术管理学

武术管理活动的规律是武术管理学的重点研究内容，具体包括武术的管理组织、管理目标、管理原则、管理方法、管理制度、管理体制等。

（5）武术经济学

武术市场的开发、武术的产业化发展等是武术经济学的主要研究内容。当然，对这些内容的研究是在市场经济条件下进行的。

（二）武术相关学科结构

1.武术与中国传统文化

我国优秀的传统文化是武术形成与发展的"根"，我国传统哲理、养生精髓、传统医学等文化为武术的形成注入了新的血液，因此才有了今天内涵丰富、层次纷杂、底蕴深厚的传统武术。总之，传统武术的形成与演进与我国传统文化有着不可分割的联系，对武术影响较大的传统文化有以下几种。

（1）武术与古代军事文化

对武术与战争、兵法的关系，兵法谋略，武术技击等内容进行研究，有助于我们对武术与古代军事文化的关系有更深入的了解。

（2）武术与中国哲学

武术与中国哲学有着密切关系，天人合一思想、太极观、道与气等古代哲学的认识论观念，对武术理论与实践的发展都产生了深刻影响。

（3）武术与传统医学

在传统武术的发展中，其在很大程度上受到了传统医学的影响，精气神学说、经络学等古代医学基础理论对武术的影响更明显。此外，中医上整体施治、辨证施治的治病原则对武术也产生了重要影响。

2.武术与现代学科

武术在自身的发展过程中，不仅吸收了古代传统文化的血液，还吸收了现代学科的营养，这也是其理论知识结构越来越丰富和完善的主要原因。武术自身就蕴含着一些具有科学性的内核，但这些内核的科学性较弱，还需通过对现代科学观念、法则以及研究成果进行借鉴与运用来提高其科学性。在现代科学中，生物学科对武术的影响是极其广泛的。从这一学科角度入手来研究武术，有利于我们深入理解武术运动对机体结构功能的影响，同时也能够使我们进一步认识到武术强大的健身功能。

（1）武术与运动生理生化

运动生理生化主要研究的是运动对人体生理系统（神经系统、心血管系统、呼吸系统等）的影响。人们参加武术运动后，各项生理生化指标都会发生一些变化，运用生理生化的原理来对武术运动进行研究，有助于我们了解这些指标发生了什么变化，也有助于我们科学解释武术运动的健身功能。

（2）武术与运动生物力学

研究武术的力学原理时，主要借鉴的现代科学就是运动生物力学，运用这一学科研究武术，有助于科学进行技术诊断，从而促进运动员武术技能的提高。当前，在武术选材、训练等方面，生物力学得到了广泛运用。

（3）武术与运动解剖学

运动解剖学这门学科主要研究的是体育运动对机体形态结构的影响、机体的运动规律和体育动作之间的关系等。以运动解剖学的原理来对武术运动系统的结构、武术运动规律进行研究，有助于我们更好地开展武术运动选材、运动训练等工作。

（4）武术与现代教育理论

将现代教育理论运用于武术教学中，能够促进武术教育理论的丰富和武术教学方法的多样化。

（5）武术与运动心理学

在武术训练与武术竞赛方面运用运动心理学来对运动员心理进行研究，有助于提高运动员的心理品质，调节与改善运动员在赛前的不良心理。

二、武术学科建设与发展的建议

（一）立足本体，树立武术自信

在西方竞技体育文化的冲击下，中国武术体系的完整性、系统性日益受到威胁，中国武术文化的影响力也渐渐减弱，在整个体育界，武术相对弱势一些，地位较低。现阶段，在文化传承、文化自信和建设文化强国以及提升国家文化软实力背景下，我国要不断树立文化自信，对博大精深的中国武术有一个新的认识与深刻的理解，找回武术自信，使其焕发生机，彰显活力，使广大人民看到武术作为一个学科的重要价值。

当前，在中国武术学科建设与发展中，坚持自信、重塑自信是最根本的力量和基石。只有将武术本体坚守住，武术的个性特征才能保持好，学科价值才能发挥出来，武术才能持续发展。

（二）立足本体，加强科学研究

武术的发展虽然从未停止，但武术的本体渐渐缺失，也逐渐被人淡忘了，要推动武术学科的发展，促进武术学科的回归和重建，就必须坚守武术本体，加强科学研究，具体要从理论与实践两个层面展开研究。

在理论上，既要针对某一问题或某个项目进行专门的深入研究，又要从整体角度，在武术本体的基础上对武术运动体系进行研究。在武术理论研究中，不能简单地移植西方体育的研究方法，要突破传统研究的思维限制与困境，更不能将西方体育研究的原理与方法当作武术理论研究的准绳。武术理论研究中要采用适合武术特点的研究方法，通过专题研究和整体研究，对武术的原理、属性及相关理论加以归纳、整理，形成完整的理论体系，以便更好地对武术实践加以指导。

在实践上，要对面临消失危机的武术项目与技艺迅速开展"抢救"工作，对具有良好健身功效的武术项目，要开展相关活动来展示其价值，使其得以传播、传承和发展。中西方文化各有特色和价值，它们可以相互借鉴、融合，但一方要取代另一方是绝无可能的。同样的道理，中国武术与西方体育可以进行深入对话与借鉴，但不能妄想让西方体育取代中国武术。鉴于此，在武术学科建设中，要将武术本体内容牢牢把握好，创造条件将中国武术推向世界，提升中国武术在世界体育领域的地位，使之能够与西方竞技体育文化的典型代表——奥林匹克运动齐头并进，从而使世界体育变得丰富多彩，也使中国武术学科作为独立学科的价值进一步彰显。

（三）立足本体，开放、整合、融摄

任何本体的生存与发展都离不开特定的时空环境，时空环境的变化对生存于其中的本体生存发展会产生重大影响。中国武术体系的形成离不开中国历史环境，武术体系庞大，武术文化博大精深，这正是武术立足本体，对外开放，不断整合，纵横融摄发展的成果。武术学科的发展也离不开开放、整合、融摄，这是社会发展对武术学科建设的要求，也是武术体系自身不断发展完善的需求。

武术学科的发展既离不开内部整合，也离不开与其他学科的融合。从内部整合来看，重点要加强少数民族体育、民间体育、民俗体育与武术的整合。在农耕文明时期发展起来的民族传统体育，在历代传承中范围比较局限，在文化全球化背景下，民族体育要继续生存与传承，就要从封闭的生存地域中走出来，进入更广阔的领域。武术也属于民族传统体育，它与其他民族传统体育项目的内部整合、融合，有助于形成武术走出国门的坚强后盾，也能够使武术在民族传统体育大家庭中绽放异彩。

武术与其他学科的融合主要是要融摄相关学科的研究成果，利用相关学科为武术学科的发展提供理论支持与科学指导。

第二节 武术课程设置

一、武术课程设置的理论基础

（一）价值论基础

1.社会价值取向与武术课程建设

社会价值取向的基本理论指出，社会需要决定了课程设置的方向，学校

作为育人机构，主要是为实现社会利益而服务的，学校要基于一定的社会需要来育人，要对社会需要的发展变化保持高度的敏感度，学校各种教育计划都要能够满足社会需要。

社会价值取向的知识观大概包括下列两种适应论。

（1）主动适应论

主动适应论指出，个人与社会之间建立了一种亲密互动的关系，二者是有机统一的和谐整体。教育与社会的关系如同个人与社会的关系一样，也是相互友好互动的完整统一体。学校课程不但要与社会生活相适应，还要对社会生活产生积极改造作用。在主动适应论的指导下进行课程建设，要强调课程生活化的价值取向。

（2）被动适应论

博比特·查特斯是美国著名的课程理论专家，也是被动适应论的代表人物，其认为，学习者通过接受教育所掌握的所有知识、能力等都是为走向社会、适应社会生活而奠定基础和做准备的，学校课程对学习者而言是帮助其适应社会生活的重要工具。

2.个人价值取向与武术课程建设

个人价值取向的哲学理论指出，一切教育活动均以"人"为出发点，教育既要能够使人的兴趣和需要得到满足，又要能够健全人的理智和完善人的人格。这一从古希腊起源的哲学理论对现代课程建设具有重要启迪意义。古希腊哲学家认为，学科知识的价值是高还是低，衡量标准是对理性的人的培养质量的高低。学科知识能培养理性的人，学科知识的理性层次内容越丰富，培养价值越高，相反，如果学科知识缺少丰富的理性层次内容，培养价值就会削弱。

在健康第一、以人为本的指导思想下，我国学校武术课程要尊重学生的主体地位，关注学生的主体需要，鼓励学生自主选择项目，主动学习与探索，实现个人价值，成为理性的人。

3.知识价值取向与武术课程建设

知识价值取向的哲学理论对知识的内在价值作了高度强调，指出知识是人的精神食粮，知识本身就是知识的价值所在，人要为了掌握知识而掌握知识。认同该观念的课程专家指出，知识能够使人变得更加理性，能够使人的心智更加成熟、完善，心智能力完备的人，其处理事情更加理性与成熟，处理事情的能力越强，同样地，解决问题的能力也越强，这样的人能够更好地应对社会生活中的各种难题。因此说，培养与提升学习者的心智能力是教育的基本目的。

知识价值取向的哲学观从体育教育与健康教育的有机结合中也得到了一定程度反映。学校在武术课程的科学建设与有效实施中，不仅要强调学生的身体活动，还要实施配套的身心健康促进方案，如医疗保健、合理营养、科学作息、劳逸结合等，从而使学生的心智能力更强，变得更加成熟与理智。

（二）心理学理论基础

1.认知主义心理学

认知主义心理学着重对学生在学习过程中的心理活动，尤其是对学习思维活动方式与过程进行研究，具体研究以下几组关系。

第一，教学内容知识结构与学习者认知结构的关系。

第二，教材逻辑顺序与学习者心理程序的关系。

第三，课程教学与学习者认知规律的关系。

第四，学习者学习行为与认知策略的关系等。

认知主义心理学对学校武术课程设置有如下启示。

第一，编制武术教材要讲求知识结构合理和层次清晰，知识的呈现要符合一定逻辑顺序。

第二，要对学习者的认知规律予以尊重，以学习者的认知结构水平为依据进行课程设计。

2.行为主义心理学

行为主义心理学中著名的"联结说"是由行为主义心理学的代表人物、美国著名心理学家——华生在20世纪初提出的。他指出，人的学习行为反映了刺激—反应之间相互联结且愈演愈烈的关系，学习有诸多表现形式，其中就包括练习。斯金纳在"联结说"之后推出了行为主义心理学的另一著名理论——"强化说",这里的强化指的是刺激—反应之后的再刺激,强化的程序、程度直接影响学习的效果。

美国心理学家布卢姆在20世纪六七十年代提出了与行为主义心理学观点相契合的目标分类学,指出目标的下列三个基本特性。

第一,层次性,学习目标有总目标、分支目标,各层次目标密切联系,相互作用。

第二,可测性,行为目标越外显、越具体,可测性就越强,通过测验可以判断目标的达成情况。

第三,可实现性,学习目标必须是学生通过努力学习而可以达到的,不同水平的学生达到学习目标的速度不同。

二、武术课程体系设置

当前,我国各级各类学校不断重视武术教学,武术在高校的开设尤为普遍,下面主要以高校为例探讨武术课程体系设置的基本情况。

(一)课程类型设置

武术是我国高校体育教学传统课程,课程开设历史较久,在课程类型设置上,全国各大高校基本都开设有专门的武术教学必修课程,而且,很多高校都是从大一开始就开设了武术必修课。我国高校的武术必修课程开课率高,但是也有一些高校的武术课程是作为选择性的必修课开设的。

(二)课程项目设置

我国武术体系内容丰富、项目种类多样,在学校武术课程教学中不能一一涉及,目前来看,各高校武术课程的项目教学内容基本集中在流传广泛的武项目上，也有一些学校结合地域特点，开设了地方特色武术课程内容教学，但是，这一部分学校在我国全国范围内高校中所占的比例是非常少的。

当前，我国各高校在设置武术课程时，会充分考虑大学生的武术学练需求，并会结合本校的实际教学情况对武术课程教学内容进行有针对性的选择。由于各个高校选择的武术项目不同，对该类课程的安排也就有一定差异性，但基本上包括太极拳、初级拳、棍术等项目。这些武术项目教学主要以武术套路教学为主，也正是因为这些项目具有较完整的套路内容，才使得武术教学操作更加便利，因此，成为高校武术教学内容的首选项目。

新时代，为进一步弘扬我国优秀传统文化，应进一步丰富学校武术教学内容，将一些民族特色较强的项目增设到学校体育教学中，同时，在武术教学中，不仅要重视武术套路动作的教学，还要将中华民族传统文化的思想精髓充分传授给学生，以培养高校大学生的武术文化自信，奠定其终身从事武术学练的情感、技能基础。

三、高校武术校本课程设置与开发

校本课程是指以学校为本位、由学校自己确定的课程，它与国家课程、地方课程相对应。高校建设武术校本课程对促进高校武术教育的发展和推动武术文化在高校的弘扬与传承具有重要意义。

（一）体育校本课程建设概述

1.体育校本课程建设的特征

（1）建设依据的明确性

体育校本课程的开发与建设要以国家和地方的课程标准为依据，将校内校外体育资源充分利用起来，从学生的实际需求出发进行针对性开发。开发体育校本课程不是为了将国家课程取代，校本课程的开发必须在不违背国家和地方课程标准的前提下进行，在国家和地方课程计划中校本课程始终都是一个举足轻重的组成部分。

（2）建设基地的针对性

体育校本课程建设是体育课程创新的表现，建设基地以学校为主，在体育课程改革中，拥有强大育人功能的学校是不可缺少的主阵地。学校作为建设基地，要将本校与校外的体育资源、教育资源充分利用起来，通过资源整合而强化资源价值，形成教育合力，形成学校特色。

（3）建设主体的核心性

课程建设的过程也是理想课程向现实课程转化的过程，在这个转化过程中，学校发挥着不可替代的主阵地作用，而教师作为建设主体，发挥着重要的组织管理作用。体育教师作为体育校本课程建设的主体，不仅有权力决定"怎样教"，同时也有权力决定"教什么"。在体育校本课程开发中，体育教师的主体地位不可动摇，虽然社区人员、学校领导、部分学生也参与开发，但都不能替代教师的主体地位。

（4）建设内容的开放性

随着体育课程的深入改革，传统体育课程建设中课程纲要编写的"一刀切"模式逐渐被打破，高校可以在更广阔空间内选择课程内容，这充分反映了体育校本课程建设内容的开放性。

2.体育校本课程建设的意义

体育要根据学校自身的独特性建设更有实际意义的教学内容，而开发与建设校本课程是形成体育特色的重要举措，具体来说，该举措具有以下几个方面的意义。

（1）弥补国家课程开发的不足

我国各地院校的教学环境、教学条件、学生需求等因地域差异、经济差异、文化差异等的影响而存在一定程度区别，因此各地体育也应有所区别。国家体育课程偏重于统一性要求，一定程度上与地方教育需求、各地办学条件以及各校师生需求等存在脱节的问题，无法使地方的教育需求和学校的具体需求得到满足，而开发校本课程恰恰可以弥补这一不足。

（2）形成学校体育特色

在体育校本课程建设中，强调各个院校将本校的体育资源充分利用起

第四章　学校武术课程建设与教学理论构建

来，自主规划课程结构，设计课程方案，并对本校体育课程的运行负责。这对高职院校发挥自身资源优势、形成本校特色非常有利。学校体育特色代表了一种相对稳定的具有普遍性和集体性的体育行为风尚，代表着学校的体育环境和体育氛围，具有群众性、相对稳定性以及自觉性。良好的学校体育特色能够发挥导向作用、教育作用、规范作用，同时也具有辐射功能，对促进体育教育的发展具有重要意义。

（3）促进教育民主化

教育民主应具备两个前提条件，一是政府权力下放，二是民间高度的参与意识和一定的参与能力，这两个条件密切相关，缺一不可。体育校本课程开发能够促进这两者的友好互动。

新时代背景下，我国高校体育改革进入了新的阶段，政府权力下放的程度较之前明显加大，根据三级课程管理的要求，政府权力的下放使得高校自主开发课程的空间得到拓展。这也对高校和体育教师的课程开发意识与开发能力提出了较高的要求。开发校本课程能够激发高校和师生的参与意识，使体育校本课程建设成为全员参与的集体活动。

（4）促进体育教育的合作

虽然体育校本课程建设是以学校为主阵地、以体育教师为主体的，但在课程建设中离不开外部支持，其中教育科研院所研究者、体育院校的优秀教师等都是非常重要的援助力量，院校必须主动与专业单位、人员建立联系，达成合作伙伴关系，这样既对校本课程的顺利建设有利，也对促进体育教育的合作与交流有重要意义。

（5）促进体育教师发展

体育教师是体育校本课程建设的主体，校本课程建设对参与主体的专业教学技能、科研能力均提出了较高的要求，所以说建立一支优秀的体育教师队伍是体育校本课程开发的一个基本条件。优秀的体育教师充分享有专业的自主权，在校本课程开发中能够自主决策，充分发挥自己的专业优势，实现自身价值。此外，体育校本课程的开发还有除体育教师之外的其他专业人士的参与，他们会对体育教师的开发提供支持、指导与帮助，体育教师在专业人士的指导下，或在与专业人士的合作中，不管是专业精神，还是专业技能，都能得到提升。

（二）武术校本课程设置原则

1.科学性原则

科学性原则是高校武术校本课程设置的第一原则，开发的校本课程必须是科学的，具体要符合以下两点要求。

（1）课程体系结构合理

高校开发的武术校本课程应在国家、地方课程的要求范围内，要与具有统一性要求的国家和地方课程相互补充、融合，形成结构合理、层次清晰的学校武术课程体系。

（2）课程内容科学

高校武术校本课程内容必须科学严谨，准确无误，有逻辑性、学术性和实效性。

2.学校为本原则

高校武术校本课程的建设要以高校为主阵地，以高校体育教师为主体，以高校实际情况为依据，满足高校师生的需要，形成高校体育特色。贯彻学校为本的建设原则，要做到以下几点。

首先，一定要以高校学校为课程建设基地，以本校体育教师为课程开发主体。

其次，一定要从高校自身的特点、实际条件出发而进行校本课程建设，要解决高校武术教育的问题。

最后，将高校的科学育人理念、教育目标体现在武术校本课程的开发与建设中。

3.整体性原则

高校武术校本课程设置应在整体观视角下进行。在学校教育环境下学生获得的所有教育性经验都属于课程的范畴，可见课程本身就是一个不可分割的整体，因此在校本课程设置中必须贯彻整体性原则。

国家课程、地方课程和学校课程这三级课程是从管理的角度对课程进行划分，而不是从根本上分割课程内容。武术校本课程建设从根本上来说是具有整体性的一种课程改革方式。在整体观的指导下进行武术校本课程开发，必须打破传统思想局限，突破零散化、碎片化的修补模式，在课程标准下从整体视角出发规划与设计课程，重组与改造武术课程资源，加强武术课程建设中各个环节的紧密衔接。

整体性原则要求必须在国家课程计划框架内建设武术校本课程，用校本课程弥补国家课程和地方课程的不足，追求国家课程、地方课程以及校本课程的均衡与协调。

4.整合性原则

不同知识体系课程可以横向整合，基于这一认识而进行武术校本课程设计，对丰富的课程要素加以筛选，尊重各要素之间的差异，发现它们的内在关联，然后对其进行整合，建设有机统一的课程整体。

武术校本课程设置中整合的关键在于完成认知、知识、技能、情意等多方面的统整，重点要做好如下工作。

（1）学科间的统整

课程之间的横向联系是课程统整强调的一个关键，也就是将武术课程内容与其他体育课程内容尤其是民族传统体育课程联系起来，将学生所学的课程知识串联起来，促进学生综合知识能力的提升和综合经验的丰富。在武术校本课程建设中要培养学生融会贯通各学科、各项目知识以及综合运用这些知识的能力，使学生的学习经验更加丰富。

（2）课程和学生生活的统整

结合学生的现实生活、个人经验而进行校本课程建设，只有根植于学生的生活经验、合理需求去设计课程，才能使课程的育人功能得到最大程度的发挥。课程统整要以学生的兴趣爱好、学习能力、学习需要以及个人经验为焦点，使课程内容真正融入学生的思想和内心中。

（三）武术校本课程开发与设计

高校武术校本课程开发是一个系统而复杂的过程，需要按照一定的步骤有序开展。总体来看，高校武术校本课程的开发包括成立组织、情境分析、明确开发目的,制订课程设计方案。下面展开具体分析。

1.成立组织

高校武术校本课程开发的首要步骤是成立开发小组,开发小组以武术教研人员为主,其他相关人员为辅。成立开发小组能够为武术校本课程的顺利开发提供基本的组织保证,能够宣传课程开发的意义,动员相关人员积极参与、广泛支持、提供服务,促进有关人员之间的交流互动。

成立武术校本课程开发小组时,武术教研组的主体地位不能动摇,此外还要将具有代表性的武术教师、社区人士、家长、学生纳入小组中,这些代表性人士中,要特别强调武术教师的主体作用。要秉着科学民主、合作开放的原则成立开发小组,广泛吸纳代表人士的参与,集思广益,形成教育合力,共同为开发高校武术校本课程做出贡献。

2.情境分析

高校武术校本课程往往是针对某一高校或某一区域高校的特定学生群体而开发的。不同地区的经济水平、社会环境、人文环境、教育水平等都存在一定的差异,从而造成了各地区高校教育的差异,同一地区不同高校的教育也有差异,不同高校在校本课程设计中各有特点,主要体现在课程选择、课程目标、课程组织实施以及课程评价等诸多方面。只有客观分析高校的办学理念、教育目标、教育资源特色、教育条件、师生需求等实际情况,从各校实际出发去开发校本课程,才能达到预期目的。

深入调查分析学校情境是高校武术校本课程开发中不可缺少的一个步骤,通过分析,将与本校实际最相符的课题筛选出来,进一步凸显学校的办学特色。

关于学校情境的分析,应以学校武术资源分析、学生需求分析以及学校武术教育问题分析为主。

3.明确开发目的

高校在开发武术校本课程中期望得到的结果就是武术校本课程开发的目的。在武术校本课程开发中,要将开发目的明确下来,一般来说主要包括下列三个目的。

（1）促进学生发展

校本课程的培养目标要与国家课程、地方课程的培养目标相契合，保持一致，以促进学生发展为根本目的，尽可能使学生合理地、多样化地发展需求得到满足。

（2）促进教师发展

促进教师发展的目的主要表现在以下几个方面。

①使武术教师的专业发展需要得到满足，促进武术教师创新能力的提升。

②使武术教师成为课程开发的研究者与实践者，实现专业化成长。

③改变武术教师作为武术课程实施者的单一角色，在民主、开放的课程开发中满足武术教师的多元角色需求，使武术教师体验不同的角色，在多个角色中完善自我，实现自我价值。

（3）促进学校发展

武术校本课程开发是武术课程改革的一种特殊方式，通过课程改革，能够建立新的课程理念，完善教育思想，创新教育方式，从而有效促进学校武术教育的发展。

4.课程设计

校本课程设计环节主要包括课程计划的制订、课程纲要的设计以及教学指导书的编写三方面内容。

（1）课程计划的制订

关于武术校本课程开发的总体安排与设计方案要体现在课程计划中。课程计划是关于武术校本课程开发的指导性文件，由武术校本课程开发小组参与制订，制订该计划要以高校的办学理念、教育目标、国家和地方体育课程纲要精神以及学校培养需求为依据。

课程计划中要将各项课程活动的设置确定下来，对各项活动的安排顺序、时数等作出规定。

（2）课程纲要的设计

围绕武术校本课程而设计的关于课程开发的基本标准就是这里所说的课

程纲要，其主要由武术教师设计。不管是武术校本课程教学评价，还是武术校本课程教学指导书的编写，都要以这一课程纲要为依据。

课程纲要主要包括两大部分，分别是说明部分和本文部分，各部分又具体包含多项内容。

①说明部分

说明部分要包含课程的名称、类型、授课教师、授课对象和授课时间等内容。

②本文部分

本文部分要包含以下内容。

课程目标：根据高校教育目的和培养目标确定武术校本课程目标，具体包含下列几个维度的目标。

・身心发展维度的目标。

・认知发展维度的目标。

・动作技能维度的目标。

・情感态度维度的目标。

・社会适应维度的目标。

一般采用筛选法、参照法等方法来确定武术校本课程目标，确定目标时要注意综合考虑目标的整体性、可行性、适应性以及有效性。

课程内容：课程目标主要体现在课程内容中。在关于课程内容的安排中要注意以下几点。

第一，从学生的实际生活中筛选课题或主题，不要一味只参考教科书或教辅资料。

第二，课程内容要符合学生的兴趣爱好，要能够满足学生的学习需要。

第三，课程内容与学生的身心特点、认知特点相符。

第四，从校外资源中获取内容素材，如民间武术资源、俱乐部武术资源、少数民族武术资源等。

武术校本课程内容丰富多样，对课程内容的安排与设计常常采用主题设计、单元设计以及分层设计等方法。

教学方法：从本质上而言，武术校本课程中学生"学"的特征表现为"在活动中学"。它是一种主动发现式的学习，而不是被动接受灌输的学。因此武术校本课程的教学方法应以协同教学、问题教学、情境教学为主，学习方法应以自主学习、合作学习、探究学习等为主。

（3）教学指导书的编写

编写教学指导书也是课程设计中的重要组成部分。教学指导书主要包括下列两个组成部分。

①导言部分

这一部分的编写要注意以下几点。

第一，对武术校本课程的特征进行简要阐述，对武术校本课程开发的目的、开发方案设计方法等进行简要说明。

第二，贯彻以学生为本的原则，强调围绕学生的需要进行设计，切忌按编写者的需要去设计。

第三，反对"学科化"的被动接受式学习，强调让学生在活动体验中自主学习的思路。

②本文部分

根据课程纲要中所列出的课程内容主题或课题，设计富有弹性框架式学习活动方案，方案结构包括活动目标、活动内容、学习方式、教学过程、实施建议。

第三节 武术教学的原则与方法

一、武术教学原则

（一）兴趣原则

在组织与开展武术教学时，要格外重视学生的兴趣表现。一般而言，学生对外界充满好奇心,愿意探索新奇的事物,兴趣是他们最大的动力。但是由于每个学生都具有一定的天性差异,有的喜欢对抗类的武术运动,有的更喜欢武术类游戏。这就需要教师的协调和引导,尽量让每个学生都能积极参与各类武术活动,在发展兴趣的同时使他们爱上中国武术。只有根据学生的兴趣爱好进行武术教学,才有助于充分调动他们的积极性和主动性,他们才能学得快、记得牢。

(二)从实际出发原则

从实际出发原则是指教师在组织武术教学时,应该根据实际情况灵活地安排对学生发展最为有利的教学内容。比如,按照教案的安排,一节课有一组或一套动作计划,但是如果学生对该动作都已经非常熟悉,失去新鲜感和热情的话,教师应根据实际情况迅速做出相应调整,通过增加或降低难度、变化教学方法等方式进行相应创新,选择最能激发学生参与热情的方式进行教学。因为只有学生能够全情参与,才能获得最好的教学效果,才能使学生真正受益。

(三)适量性原则

适量性原则是指在武术教学活动过程中有意识地控制练习时间、强度和密度,防止过大的运动负荷造成学生过度疲劳或受伤。一定要在安全的前提下进行教学,在运动负荷上遵循适量性原则,防止过度疲劳或过度兴奋,以免影响身心健康。总之,武术教学的形式、内容、运动负荷都要符合适量性要求,在教学实施过程中具体要注意如下几点。

1.合理调节负荷、节奏

从学生的认知能力这一视角来看,适宜选择难度适当的武术动作。一般来讲,课堂教学前半部分可安排有一定认知难度的内容,比如新的或较难的动作,而后半部分则安排难度较小或带有复习性质的内容。这样既保证了学生可以学习新内容,同时难度又不会过大,以免导致学生产生畏难情绪。从学生的情绪来看，应遵循循序渐进的原则来安排运动负荷，如果一上来就安排让学生情绪过度兴奋的内容，会影响新动作的学习和掌握，因此，可以在后半部分适当地让学生的情绪释放，自由练习。在意志负荷方面，也应符合学生的接受能力，一点点地增加难度。

2.科学安排时间

在武术教学的过程中，教师要对教学时间有合理的把握。包括教师讲解和示范时间占比要适量，如果时间太短，学生不能完全理解；如果时间太长，学生的注意力容易转移。在教学实施阶段，教师应观察学生的表现，保证在有限时间内教学效率高一些。

3.课前做好准备工作

武术教学多在户外进行，这需要教师提前对天气情况有所了解，同时还要确保场地和相应设施的安全，这些都要求教师在课前做好充分的准备工作。此外，教师还要根据季节和气温情况决定教学的运动负荷。比如，在炎热的夏季避开日照强烈的时间段，选择活动量小的内容；在寒冷的冬季可适当增加练习密度和运动负荷。

（四）差异性原则

差异性原则是指教师在武术教学过程中要充分考虑学生的个体差异。学生的个人体质、武术基础、兴趣爱好存在差异，教师应尊重并重视学生的个体差异情况，并根据个体差异程度进行有针对性的教学，进行不同的指导，做到因材施教。这就要求教师要具有丰富的教学经验，对学生的发育规律有一定的了解和掌握，并能够敏锐地观察每个学生的表现情况，进行适时的正确引导。

（五）全面发展原则

全面发展原则是指在武术教学中，根据学生的身体发育情况，针对其各个部位、器官系统的生理机能,针对各项身体素质和基本活动能力,有目的性、针对性地选择与实施教学内容,目的是使学生的身体得到全面锻炼和发展。与此同时,也要注意培养学生的个性、意志品质和人际交往能力,真正实现让学生身心全面发展。

具体来说,贯彻全面发展的教学原则要注意以下两点。

(1)尽量选择能够让学生身体全面活动的动作或套路,或者针对武术运动对参与者身体素质的要求针对性地、循序渐进地安排专门发展某项身体素质的武术类游戏。

(2)要激发学生对各种武术项目的兴趣,鼓励学生积极参加武术活动,并能自主编排武术动作,促进学生心智能力和创新能力的发展。

二、武术基本教法

(一)讲解法

在武术教学中,讲解法是最常用的方法之一,武术教师使用精炼简洁、通俗易懂的语言对武术教学内容予以讲解,使学生初步认识与了解武术理论与动作方法,这就是讲解法。

1.讲解内容

在武术运动方法教学中,讲解的内容常常涉及下列几个方面。

(1)基本规律

武术运动中有些技法出现频率高,较为简单,它们的设计与形成都符合一定的规则,带有一定的规律。为便于学生将动作技术掌握好,教师常常要对这些规律性技术动作反复讲解。例如,冲拳、推掌的规律与要求是拳高不高于肩,掌高不高于眉;而收回抱拳置于腰侧时要求拳心向上等。

(2)动作规格

在武术动作教学中,动作规格是讲解的重点,教师着重对动作规格进行讲解，有助于使学生对动作的技术要求及质量标准有所明确。

（3）攻防含义

为了使学生对武术攻防动作的技术要求有准确的理解与明确的掌握，需要向学生讲解攻防动作的基本内涵。

（4）关键环节

武术运动中各项技术都有相应的关键动作环节，对关键环节重点进行讲解，使学生对技术动作有更准确的理解，更好地掌握动作。

（5）易犯错误

在讲解各项技术中容易出现错误的动作环节，如虚步时常见错误是膝关节不弯曲等，使学生对常见错误有清晰的认识，从而在练习过程中自觉避免错误或及时纠正已出现的错误。

2.讲解方法

武术动作讲解中常采用下列几种形式。

（1）形象化讲解

如在"提膝亮掌"动作的讲解中，可将其形象地比喻为"金鸡独立"，使学生建立生动形象的动作概念。

（2）术语化讲解

要采用简明扼要的语言将动作要领讲解清楚，就要适当采用专门的武术术语，如"插步""坠肘""沉肩"等，这对促进学生学习效果的提升具有重要作用。

（3）单字化讲解

有时将某个武术动作的完成过程归纳为几个具有代表性的单字，能够便于学生理解和掌握动作。例如，在"腾空飞脚"动作的讲解中，可以用"蹬""摆""提""拍"4个字来概括蹬地跳起、摆腿提腰、击拍的动作过程。

（4）口诀化讲解

口诀教学法在小学数学教学中很常见，而这种方法在武术教学中也比较适用。例如，在弓步动作的讲解中，采用"前弓步、后腿绷、挺胸、立腰、别晃动"的口诀，读起来朗朗上口，便于学生快速掌握动作要领。

（二）示范法

武术教学中，示范教学法的运用非常重要，示范与讲解常常不可分割，武术教师给学生示范标准动作，同时讲解动作关键，使学生对标准的武术动作有清晰的把握，为学生学习武术提供形象化的指导。

武术动作教学示范包括下列两种形式。

1.完整示范

武术教师完整展示标准动作，使学生对动作全貌有所了解，从而通过表象练习而建立完整的动作表象和整体概念。

完整示范适用于下列情况。

（1）第一次出现在武术课上的武术动作。

（2）结构不复杂、难度较小的动作。

（3）学生武术基础较好且了解所学动作。

2.分解示范

为了使学生对动作细节有准确感知和具体了解，使学生更加准确地掌握所学动作，需要采取分解示范的方法来展示各个动作环节。

分解示范适用于下列几种情况。

（1）结构复杂、难度较大的动作。

（2）包含很多攻防因素、需要快速完成攻防转换的动作。

（3）动作路线、方向变化较多的动作。

需要注意的是，武术教师要合理分解动作，分解的粗细要适度，在分解示范教学后，要逐步向完整示范教学过渡，使学生从分解练习慢慢过渡到完整练习。

（三）练习法

经过教师的讲解和示范后，学生要自己反复练习武术动作，从而逐渐形成正确的动力定型，熟练掌握动作，直至能灵活自如地运用动作。

学生进行武术练习可采用下列几种方式。

1.集体练习

班级学生在教师的统一带领和指挥下进行练习，教师先领做，速度慢一些，然后逐渐加速领做，最后发布口令指挥学生自主练习。

2.分组练习

武术教师根据学生的性别、武术基础、学习能力等实际情况而将学生划分为若干小组，以小组形式进行练习。各组学生中由一人担任组长，教师明确提出各组的练习内容、练习时间，然后组长带领小组成员按要求练习，教师巡回观察与指导。

3.单人练习

为了对学生的独立学习能力进行培养，在武术课上可采用单人练习的方式，在学生自由练习时，教师进行针对性指导，发现个别学生的问题，一对一帮助解决问题。

4.双人练习

在武术对抗类项目如散打、跆拳道等的教学中多采用双人练习法。对抗练习的双方在身高、体重、技能、体能等方面应该接近，武术教师要注意合理搭配，只有双方实际情况接近，才能将学生的对抗热情和练习积极性调动起来。

（四）纠正法

初学武术，在动作练习中难免会出错，武术教师应及时发现错误，帮助学生解决问题，以免学生形成错误的动力定型，增加纠错的困难。武术纠错教学法的运用形式有以下几种。

1.慢速、分解、领做

在武术新动作的教学中,教师应该分解动作,慢速示范,带领所有学生一起做,反复如此,直至学生能完成所有分解的动作,然后向完整动作示范教学过渡。通过慢速、分解、领做,纠正学生因不清楚动作方向和路线而产生的错误。

2.静站体验法

学生在武术学习中动作达不到标准和要求,与其肌肉本体感应差有直接关系,针对这个原因造成的错误,可采用静站体验法、控腿法等使学生对正确动作的肌肉感觉有深刻的体会。

3.讲示攻防法

在武术对抗类项目教学中,学生如果缺乏对攻防动作含义的清晰认识,就会导致动作不符合要求,动作错误明显,对此,武术教师要对这类项目中主要动作的攻防含义进行清晰的讲解,并对攻防技术进行准确的演示,使学生对动作的含义有深刻的理解,掌握攻防技术的要领。

4.素质补缺法

学生学习武术,要先具备一定的身体素质,尤其要具备与武术相关的身体素质,身体素质差会导致学生无法将某些武术动作做规范,因此,在武术教学中要适当将身体素质练习融入其中,提升学生的身体素质,为学生准确完成动作和提高动作质量奠定良好的身体基础。

5.保护与帮助法

学生在学习武术时,有时会因为心理紧张、害怕受伤而不敢做一些幅度较大或有一定难度的动作,对此,教师要在学生练习时提供必要的保护与帮助,缓解学生的紧张情绪与害怕心理,使学生放松去练习。

第四节 武术教学的设计与评价

一、武术教学设计

(一) 武术教学设计的模式

武术教学设计包含四个基本要素,即学习者、目标内容、教学策略、教学评价。这四个要素分别对应四个问题,即针对谁(who)、学会什么(what)、教学策略有哪些(which)、效果如何(what)。在这些结构的基础上,形成了以下几种较为常见的设计模式。

1.乔纳森模式

图4-1所示乔纳森模式的结构图,反映了乔纳森模式包含6个基本要素,这些要素从内到外(问题→社会背景支持)对应的教学环节分别是学习主题的确定、教学情境的创设、信息资源的设计、自主学习的安排、协作学习环境的设计、环境条件支持的获取。

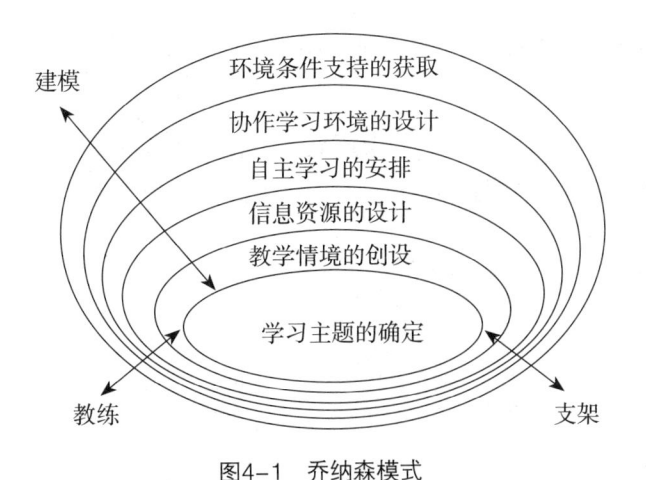

图4-1 乔纳森模式

最里面的学习主题的确定是该模式的核心要素，在该模式的具体实施中，主要围绕这一要素来设计整个教学方案。

2.迪克·凯瑞模式

迪克·凯瑞模式的完整结构如图4-2所示，该模式包含的基本设计环节共9个，整个过程以教学需要为依据而展开。我们可以用确立教学目标、选择教学策略及实施教学评价三个大步骤来概括这些具体设计环节与要素。

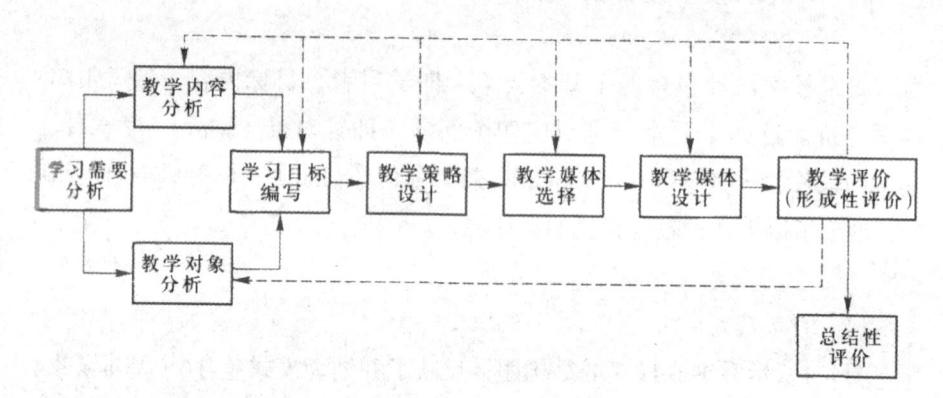

图4-2 迪克·凯瑞模式

3.ASSURE模式

从图4-3所示的ASSURE模式结构图来看，这一设计模式主要由6个环节构成，分别是分析学习者，陈述教学目标，选择教学方法、媒体和材料，要求学习者参与，评价与修正。图中还显示了每个环节的英文表达方式，将每个环节对应的英文首字母相结合，就构成了该模式的名称。

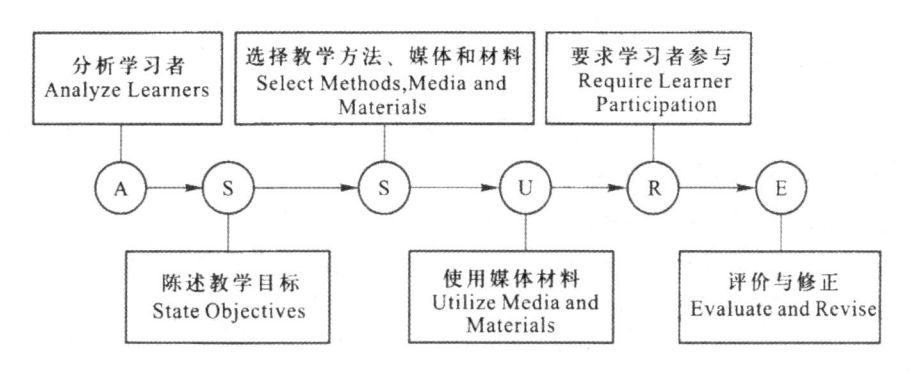

图4-3 ASSURE模式

（二）武术教学组织形式的设计

班级授课是武术教学活动开展的基本单位。学生学习与掌握武术教学内容需要经过感知、理解与巩固等几个密切衔接的阶段与环节，有些教学内容分量多、难度大，如果依然采用集体授课的形式，则在单位时间内很难完成这些内容的传授，学生也难以有收获，此时需要建立一系列"组"，由这些小单位来共同完成任务，每一组承担不同的任务，如复习教材、巩固动作；学习新教材、感知新动作等。这对武术课教学的组织形式提出了新的要求，分组教学、不分组教学以及个别化教学等几种教学组成形式在这一背景下应运而生，其中分组教学又可具体分为几种不同的结构形式，如不同组数的轮换、分组不轮换等。在教学中具体采用哪种组织形式，要视每节课的教学任务、内容特点和教学条件等具体情况而定，所选的组织形式要能够保证达到预期的教学目标，要便于课堂教学中的纪律管理，要能够有利于培养学生的综合素质。

下面具体分析常见的三种教学组织形式。

1.不分组教学形式

复习旧内容，学习新内容，掌握武术知识、套路动作，增强体质健康，培养良好心理品质等内容构成了武术课教学的任务体系。在武术教学中，如果学生人数、教学设施等教学条件能够满足完成这些教学任务的要求，则不需要分组，采用集体不分组形式就可以。

在不分组的教学中，教师与学生正面接触，教师将有限的课堂时间利用起来集中对全体学生展开教学，全体学生共同接受内容信息，接受指导，这样，课的密度、运动负荷都得到了保证，学生可以整体地、综合地获得学习内容。分组教学中教师缺离的问题在这种教学组织形式中得到了避免。

2.个别化教学形式

武术教学中有很多不同的学习方式，不同学生采用这些学习方式时存在明显的差异。要想获得最好的教学效果，必须指导学生运用最适合自己的学习方式，教师所采用的教学方法也必须是最适合学生特质的，这是因材施教及个体化教学理念的基本要求。

个别化教学源于同步教学，是指由于学习方式存在个体差异，教师根据个别学生的能力设定教学方式，予以个别化指导。当学生通过个别化学习缩小了差距时，必须回归集体的同步学习。[①]采用个别化组织形式组织教学活动时，可以按学生的学习能力进行分组，也可进行分层教学。

3.分组教学形式

学生人数过多，教学条件不完善，这些都会影响教学任务在有限时间内顺利完成，这时就需要对学生进行分组，采用分组教学方式来组织教学。将所有学生分成几组，把哪些学生分为一组，这要视班级人数、教学需要及学生的个体情况（性别、武术基础等）而定。在武术教学中采用分组的方法，能够进一步贯彻因材施教和区别对待的教学原则，能够使所有学生都得到针对性的发展，都在自己原有的基础上取得进步，最终促进武术课堂教学任务的顺利完成和教学目标的实现。

---

① 张振华.体育教学理论与方法[M].北京：北京师范大学出版社，2016.

（三）武术教学方案的设计

武术教学方案是体育教师对单元教学过程的计划安排，是武术教师实施武术教学的依据。武术教学方案设计的质量直接影响教师实施授课的效果。武术教学方案的设计准确到位、简单明了，真正为授课提供依据，能够使教师备课的工作量减少，使武术教学效率得到提高。

武术课时教学方案是武术教学方案的重要组成部分，也是实施武术课程教学的直接依据。在武术课教案的设计中，必须清楚地梳理与分析结构要素，区别基本要素与核心要素。

下面分析武术教案的结构设计。

1. "传统式"教案设计

武术教学设计中，传统教案主要有卡片式、文字式、表格式三种呈现形式，不管采用哪种方式，关于教案结构要素的取舍都是必然会涉及的问题。通过分析这三种形式教案的要素，发现教案结构中的基本要素和核心要素都相对比较稳定，见表4-1。

表4-1 "传统式"武术课教案的结构要素

要素类型	具体要素
基本要素	教学年级
	班级及人数
	学生性别
	场地器材
	课次
基本要素	教学内容、目标及重难点
	运动负荷曲线预计
	练习密度预计
	课后小结

续表

要素类型	具体要素
核心要素	课的内容
	组织教法与要求
	教学时间分配
	练习次数

传统式教案结构深入人心，虽然新课改取得了很大的成功，但教师编写教案依然会用传统结构，我国很多一线教师都比较习惯按照这些要素来设计教案与安排教学。

2."创新式"武术课教案设计

新课程改革后，武术课教案在结构要素的取舍上发生了一些变化，一些教师打破常规，在传统的基础上对要素的位置进行调整，或者直接改变核心要素。

在完善武术课教案结构的过程中，一些教师做了比较合理的创新，如用"教师的教法""学生的学法""教师的教""学生的学""组织与要求"或"教师活动""学生活动"或代替传统结构核心要素中的"组织教法与要求"。这一要素的表达方式经过调整后，对教师教与学的任务和方法就更容易区分了。我们不能否定"组织教法与要求"这一传统说法的合理性，只是新课改以来，学生学习的主体地位得到了高度重视，所以学生的学习方法也一直被强调，新的表述避免了重教学方法、轻学习方法的弊端，因此这样调整教案要素比较合理。此外，还有教师将安全防范写进了教案中，使教案结构更有新意。

不管进行哪种教案的设计，都要明确基本要素与核心要素，而且学习目标、学习内容、教学重难点、教法（教师活动）与学法（学生活动）、教学程序、教学组织、练习强度与密度、课后反思等具体要素缺一不可。

（四）武术套路教学设计

1.教学步骤

武术套路动作包含的主要因素有方向路线、架势结构、劲力特点、停歇顿挫、心志意向等。教师需要先设计好教学步骤，按步骤展开教学，才能使学生将完整套路或组合动作逐步掌握。一般武术套路动作教学按如下步骤进行。

（1）基本功练习

学生学习与掌握武术基本动作，需要先打好基本功基础，这是必备的专项素质。学生只有掌握和具备必要的武术基本功法，才能更好地掌握基本动作，逐步学习组合和套路。此外，打好基本功基础对于预防运动损伤也非常有利。

（2）基本动作学习

武术基本动作是武术技术的基本构成要素，也是各拳种的共性技术组成部分。每个拳种都有自己的基本动作，学生打好基本功基础后，应将基本动作作为首要学习内容，从而为之后学习组合动作奠定基础。

（3）组合动作学习

武术组合动作主要包括手法组合、步型组合、腰法组合、腿法组合、跳跃组合、平衡组合、器械组合以及综合性的组合等内容。学生将必要的基本动作掌握后，应对这些组合动作展开循序渐进的学习，以更好地对武术套路加以掌握。

（4）套路学习

学生掌握基本技术素材后，可开始对各类武术套路的学习。需要注意的是，学习武术套路不要只是机械性地串联基本动作、组合动作，而要掌握各拳种的技术特点、风格，追求动作的协调配合，将节奏、韵律等艺术表现把握好，对内外兼顾的攻防技击功能进行深刻体会。

（5）技术创新实践

学生学习武术套路后积累了必要的技能，教师通过讲授武术理论，使学生对技术创新的原则有所认识，要求学生按一定标准和要求拆分、组合基本动作、组合动作和套路动作，并创造新的组合与套路，以促进学生创新意识和能力的提高。

2.明确教学要求

（1）重视基本技术动作和基本功教学

教师要重视传授武术基本动作和基本功，使学生身体得到全面锻炼，提高学生的武术专项身体素质水平，从而为组合和套路技术水平的提高打好基础。

武术运动有很多基本动作和基本功，教师以拳术套路教材内容为依据将教学重点确定下来，围绕教学重点对相应的基本动作和基本功教学内容加以选择，由易到难，由简入繁，由少到多。

（2）研究技术动作的趣味性

在武术教学中，教师要善于对技术动作的兴趣属性进行研究和提炼，使教学内容趣味化，营造生动活泼的课堂气氛，调动学生的学习积极性。在教学中要向学生讲授武术文化理论，使学生对武术文化底蕴的掌握更全面、深刻，从而形成持久的武术爱好。

（3）注重技术动作的规范性

教师传授的规范程度、学生感受的真实程度是影响学生对武术技术动作掌握规范性的重要因素。在武术教学中，教师要做好教案，采用现代教育技术手段将规范的技术动作传授给学生。在课堂教学中对于规范陈述性提示的比例可稍微增加，使学生的动作质量有所改善。学生对技术动作仔细体验，注重内隐式心理学习，力争用简洁生动的语言表达动作感受。同时，根据遗忘原理安排课后作业，避免因泛化而对动作的规范及记忆造成干扰。

（4）围绕重点动作分节施教

把一套武术动作划分为若干小节，或将组合、套路中某些顺势连贯的小组合动作抽取出来进行教学的方法就是分节教学。分节时注意每节的教学重点要适量，最好在每次课套路教学之前安排重点内容的教学，这样学生能够在精力最充沛的时候接受教学重点，从而提高教学效率。

（5）结合攻防技术解析动作

为了使学生更明确攻防技术，对散打、对练、擒拿、防身术应适当介绍，使学生对这些技术形成初步了解，以帮助其在组合或套路动作学习时联想攻防作用。教师在合适的时机对动作的攻防含义进行解析，使学生亲自感受攻防作用，使其动作知觉进一步加深。

二、武术教学评价

（一）武术教学评价内容

武术教学评价的内容要根据武术教学内容来定，武术教学内容除了包括武术知识与运动技能外，还包括武术道德教育内容和运动行为习惯的培养等内容，因此武术教学评价也应该从这几个方面展开。

1.知识和技能方面的评价
这一方面的评价主要从以下几个方面着手。
（1）武术基本知识和文化内涵的掌握情况。
（2）武术基本功、基本动作、组合动作的掌握情况。
（3）武术套路、武术器械运动、武术对抗练习等项目的掌握情况等。

2.武术道德方面的评价
这一方面的评价主要从以下几方面着手。
（1）对武术礼仪的掌握情况和表现情况。
（2）自尊自信的表现。
（3）是否积极进取、勇敢顽强、坚持不懈等。

3.运动参与方面的评价
这一方面的评价主要从以下几个方面着手。
（1）武术运动意识的强弱。
（2）武术练习中的态度与积极性。
（3）武术运动习惯的保持情况。

(4）在武术练习中运用基础理论知识的情况等。

在武术教学评价中，从以上几个方面着手进行全面评价，有助于促进学生武术知识的丰富、武术运动技能的提高、武术锻炼习惯的养成以及良好道德品质的提升。

（二）武术教学评价方式

武术教学评价要将不同类型的评价方式结合起来使用。

1.过程评价与结果评价

采用过程评价法，能够使学生的武术学习情况得到实时反映，及时发现学生的问题，第一时间加以指正。采用结果评价法，能够了解学生经过一段时间的学习后达到了什么样的效果，与单元教学目标是否还有差距，以便教师对之后的教学计划进行调整。

2.自评与互评

学生进行自我评价，能够提高学生的客观认识能力，促进学生自我反思、自我完善。学生之间互相评价，能够培养学生的语言表达能力和人际交往能力，也能促进学生之间相互学习与共同进步。

武术教学评价的主体是多元的，因而评价方式也要体现多元性。在具体技术评价中，要结合动作标准要求进行评价，划分等级，客观评分，示例见表4-2。

表4-2　弓步冲拳技术评价表

自评与互评
评价任务：根据要求对技术掌握情况进行打分
评价方法： （1）根据表格内容进行自我评价 （2）学生三人一组进行小组互评

续表

技术要点	评价等级			
	优秀	良好	合格	不合格
弓步动作稳定性好				
冲拳有力				
体现动作的精气神				
说明：在对应的地方画"√"				

第五章　当前学校武术教学现状与改革创新

武术作为中国特有的文化符号，无论是在民间学习传播中，还是在历史社交舞台上，都占有一席之地。青少年学生承载着国家的希望，肩负着建设祖国的重任，决定着社会文化发展的走向和未来，因而在继承民族传统文化方面有着不可推脱的责任。为推动中国武术文化的传承发展，必须将教育传承方式充分利用起来，深入改革学校武术教学，重塑文化教育性，提高学校武术教学质量。本章主要对当前我国学校武术教学现状与改革创新进行研究，主要内容包括学校武术教学的现状与反思、武术教学内容与方法的改革与创新、武术教学中文化教育性的重塑、武术精品课程建设以及"一校一拳"视域下学校武术教学改革。

第一节 学校武术教学的现状与反思

一、学校武术教学的现状

当前，我国学校武术教学的现状不容乐观。很多中小学从来没有开设过武术课，一些学校虽然对外提倡武术教学，但基本上也是流于形式，武术在学校并未得到真正的普及与发展。还有相当多的学校没有建设武术场地、购置武术器材设施，这就导致青少年武术教学无法真正落实。在武术师资方面，很多学校没有专业武术教师，青少年武术教学的发展和武术教学水平因为缺乏武术师资而受到了严重制约。青少年学生现在主要通过看电视、读小说来了解中华武术，学校体育在这方面发挥的作用并不明显。

此外，学校武术教学越来越形式化，虽然规定了教学大纲，设置了教学内容，制定了教学计划，但实际上没有教师教、没有学生学，武术指导纲要在一步步强化，而武术教学实践却在弱化，二者反差明显。而且在西方教育理念的影响下，我国教育工作者片面地认为武术是单一的体育课程，在武术教学中对武术的体育属性过分追求，而将其传统教育价值忽略了，这就导致学校在推广武术的过程中没有连同武术中的文化内涵一起推广，造成了武术文化教育的缺失，导致学校武术的教育与传承面临艰难的困境。和中小学武术教学相比，普通高校武术教学相对缓和了一些，但也有一些客观存在的问题，如西方体育居于主导地位，选修武术课程的学生少等。

学校武术教学培养目标无法与社会顺利接轨，随意盲目地设置武术课程也是制约学校武术教学发展的一个主要原因。近年来，"因人设武术课"和"因无人而不设武术课"的现象在众多高校中普遍存在，一般都是学校有什么项目的教师，就开展哪个项目的课程，而对课程与培养目标的联系、对课程之间的联系没有做过多考虑。设置课程时，没有考虑培养目标的需要，更没有将设置课程的问题上升到一门学问去看待，大都是自主随意的，十分盲目。虽然我国很早就已经在学校教育改革中纳入了武术项目，而且又在不同时期编写武术教学大纲、编写教材。但是，武术教学在学校教育层面还未真正普及。

当前，在我国学校教育中出现了师生情感疏离、交流消极、交往功利等问题，这会导致师生之间产生信任危机。在这种情况下，实施武术教学很难取得好的效果。

二、学校武术教学优化改革的思考

（一）以文化自觉引领武术教学的改革

西方体育文化的主流和典型代表是奥林匹克竞技体育文化，西方主流体育文化在世界体育文化中居于主导地位，对中华民族传统体育文化造成了一定冲击，武术文化也因此受到冲击。校园体育文化也是以西方竞技体育文化为主，包括武术在内的传统体育文化被忽视，因此武术教学也没有受到很高的重视，学校武术课程有被边缘化的倾向。要对这个问题从根本上解决，实现对民族传统文化的文化自觉是第一任务。

在武术教学中要确立文化导向性原则，以中国武术独特的文化价值培养人、教育人，增强学生的民族自豪感，以文化自觉引领武术教学改革，在教学中树立文化自信，推陈出新，对传统文化批判地继承，取其精华，同现代元素、外国文化元素适当结合，使中国武术打破藩篱，实现更广泛的传播与推广。

（二）教学内容与项目的拓展

开设武术课程的学校，尤其是体育院校的民族传统体育专业，在武术课程教学内容方面，主要设置武术套路、武术散打、太极拳等项目，个别体育院校有自己的特色课程。这些内容虽然对培养民族传统体育人才、传承武术文化起到了重要作用，但相对于丰富多彩的武术项目来说，这些教学内容还是显得比较单一，一定程度上使学生的视野受到限制。对此，学校应从自身办学条件、地域特征、学生兴趣爱好等实际情况出发而适当增设相关项目，拓展学生的视野，使学生掌握更多的武术知识和技能，以便更好地传承中国武术文化。

拓展高校民族传统体育专业的武术教学内容非常重要且必要。武术项目非常多，民族传统体育专业目前开展的武术项目只是冰山一角，不够丰富。所以，高校要立足民族传统体育专业的发展方向而对武术课程内容进行拓展、更新与完善，从中国武术的项目宝库中提取较为成熟的、学生喜闻乐见的优秀项目，补充到民族传统体育专业课程体系中，以更好地实现民族传统体育专业的教学目标和人才培养目标。

（三）灵活运用"线上+线下"混合教学模式

武术课程教学中经常采用的教学方式是线下教学，依托互联网技术而进行直播教学或录播教学的方式就是线上教学。线上教学打破了时空的限制，随着互联网技术的发展而越来越普及，已经成为现代教育中非常重要的教学方式之一。线上教学和线下教学的结合可以达到互补的功效，从而促进武术课程教学效果的提升。

线上教学中运用较多的主要是微课教学，将微课教学引入武术教学中具有重要意义。武术专业教师设计好微课视频后在网络学习平台发布视频，学生通过翻转课堂的方式自主学习，逐渐了解中国武术，理解并掌握武术知识，建立正确的运动表象。学生在课前反复观看教学视频后，总结自己学到了什么，还存在哪些疑惑，从而在课堂教学中有针对性地与同学或教师沟通、交流，重点解决自己的学习难题。课后学生依然需要反复观看微课教学视频，以实现知识的内化，巩固学习成果，延长记忆，并养成良好的课后复习习惯，以增加学习收获。

（四）培育优秀的武术师资队伍

武术教学的发展离不开优秀的专业武术师资队伍，这是非常重要的保障性因素。武术授课教师的专业素养直接决定武术课程教学的质量。如果授课教师并没有深入掌握武术文化知识，对中华武术的了解不够系统、全面，则很难做好教学工作，也难以培养出优秀的武术人才。对此，要特别重视对优秀武术师资队伍的专门培养和培训，努力培养一支专业性强、综合素质高的专门化、职业化教师队伍，使其在校园武术文化建设中充分发挥自身专业优势和影响力，不断健全与完善武术教学体系。

在优秀教师队伍培养方面，可以将现代化信息手段充分利用起来，结合时代背景和社会需求去培养新时代的优秀教师人才，使专业武术教师既有深厚的文化底蕴，又有丰富的专业知识和高超的专业技能，同时要具备一定的双语教学能力，以促进武术文化的国际化传播。创新能力也是武术专业教师必不可少的素质，只有创新意识强、创新素养高的教师才能不断创造新的教学方法来丰富武术教学内容与方法，提高武术课程教学质量。

第二节 学校武术教学内容与方法的改革与创新

一、学校武术教学内容的改革与创新

当前，我国学校武术教学内容比较单一，而且武术套路教学内容难度较大，缺乏理论方面的教学内容，这严重影响了学生的学习兴趣，也制约了武术教学效果。对此，必须尽快改革武术教学内容，优化教学内容的设置，加强教学内容创新，解决实际问题，从学生的兴趣爱好、学习基础出发来加工与改造教学资源，从而培养与提升学生的学习兴趣，激发学习动力。从我国学校武术教学内容的现状出发，重点应从以下几个方面来进行改革与创新。

（一）精简武术套路

　　武术套路是学校武术教学的主要内容之一，复杂的动作路线、较多的动作变化以及一些重复动作使得学生对武术套路动作的学习兴趣低下。虽然这是武术套路本身所具有的特点，但在具体教学中可以灵活调整，适当精简，使之适应学生的特点，这样才能调动学生学习的兴趣。在精简武术套路时，要保留代表性、观赏性和表现性强的动作，适当降低动作难度或标准，使学生容易学习，这样对课堂教学效率的提高也有积极意义。

　　在武术套路的精简处理中，如果操作不当，可能会对武术套路的结构造成影响，并使武术套路文化的传承受到限制，对此，建议精简套路的方法主要面向初学者采用，主要是为了培养初学者的学习兴趣，便于初学者理解和记忆，当初学者经过简化学习，对武术的技击内涵与动作要领有所掌握后，就要逐渐过渡到常规套路教学中，使其学习完整的武术套路。

（二）增加武术理论教学内容

　　学校武术教学存在重实践、轻理论的现象，从而影响了学生对中国武术文化内涵的理解和学校武术传承。针对这一问题，必须尽快设置武术理论教学内容，从而丰富武术教学内容，并用理论知识去指导实践。在武术理论教学中，不仅要讲解武术教学大纲规定的基本教学内容，还要补充一些相关内容，如武术健身理论知识、武术文化知识、武术学练的医务监督知识等，并与武术实践教学相结合，使学生所学理论知识在实践中发挥指导作用，学以致用，以加深对理论知识的理解与巩固，提高学习效果，同时在武术理论的指导下也能保证学生武术练习的科学性和有效性。

（三）设置对抗性武术项目

　　武术运动的内容纷繁复杂，学校开设的武术课程却很少，虽然从学校的教学条件来看，设置太多的武术课程是不现实的，但可以在现有课程的基础上适当增加一些新的项目。当前，开设对抗类武术课程的学校比较少，但这类武术运动往往是学生比较感兴趣的,所以说,设置对抗性武术项目是培养学生武术兴趣的良好方法。

技击性很强的对抗类武术项目高度提炼了武术技术与方法,又融合了格斗经验,是中国武术的精华部分,它与武术套路在表现形式上有很大的区别,它们都是武术体系中不可缺少的部分,二者相辅相成,相互作用与促进。在学校开设对抗性武术运动,如散打、拳击、推手、擒拿格斗等,对丰富教学内容,培养学生兴趣,提高学生的健康体质与防身自卫能力具有重要意义。

二、学校武术教学方法的改革与创新

在学校武术教学中,教学方法上存在以传统教法为主,教学方法陈旧、单一,忽视学生的主体性等问题,从而制约了武术教学效果,也影响了武术文化的传承。当前,武术教学方法的改革与创新势在必行,在改革中要根据教学需要设计一些具有创新性的教学方法,以调动学生的学习兴趣,活跃课堂氛围,提高教学效率。下面具体介绍一些适合运用于武术教学中的创新性教学方法,为武术教学方法改革提供思路与指导。

(一)启发式教学法

启发式教学法是培养学生思维能力、自主学习能力的重要方法之一,将其运用于武术教学中,要善于运用引导与启发的教学手段,使学生的主体性、能动性得到充分发挥。武术的技击属性和文化内涵主要通过外在的肢体动作体现出来,因此在武术教学中,教师可以播放一些影像资料,并配合生动的语言讲解,从而启发学生对武术文化内涵与精神有更深刻的理解与领悟。为使学生对武术内涵的理解更深刻与透彻一些,教师也可以讲一些有关武术文化的历史典故,以吸引学生的注意力,从而提高课堂教学效果。

（二）情境诱导教学法

在武术课堂教学中，武术教师可以创建和谐的、活泼有趣的教学情境来调动学生的学习热情，这便是情境诱导教学法。比如，在太极拳教学中，教师可用语言描述这样一个场景：清晨，春风吹拂着杨柳，公园里绿草如茵，太极拳音乐伴奏随风流动，穿着太极服的人们整齐地练习着太极拳，动静相宜、刚柔并济，极具观赏性。学生边听边想象，不知不觉地被这样的情境吸引，并产生学习太极拳的兴趣。

情境诱导教学法可以使学生先对武术教学内容产生兴趣，然后形成学习与参与的动机，进而主动学习，在学习中发挥能动性，与同学、教师积极互动、交流，表现出好学、乐学的一面。和传统的武术教学方法相比，情境诱导教学法能够使学生对武术教学的心理接受度得到提升，使学生带着兴趣去学、去练，并将此发展为一种好的习惯。

（三）团体探究教学法

团体探究教学法是指武术教师先对学生进行分组，也就是分成不同的小团体，然后以小团体为单位进行探究学习的教学方法。分组的依据主要是学生的武术基本功、学习能力等。分组后，教师先讲授武术基本理论知识，然后留出时间让各小团体进行关于武术学习目标、动作攻防意识的讨论，使团体内部的学生相互学习，相互促进，然后教师再示范动作，并以小组为单位练习，在课堂结尾让各小团体的学生展示，或者组织课堂比赛，以激发学生的斗志与练习积极性。

（四）信息化教学法

1.信息化教学手段运用于武术教学中的意义
（1）使武术教学的示范性、动态性得以增强

武术教学内容概括起来主要包括两种类型，一种是武术理论知识，一种是武术技能，其中运动技能所占的比重较大一些。传授技术动作是武术课堂

第五章 当前学校武术教学现状与改革创新

教学的重点部分。要在武术教学中完成好技能部分的教学，就要采用动态性的教学手段，而传统静态教学手段显然不能完全满足教学需要，也限制了武术教学的发展。基于多媒体技术而形成的动态化教学手段，在动作方法教学中发挥着举足轻重的作用。动作技术本身就是动态的，因此需要采用集动画、声音、录像、图片、文字等多个元素于一体的信息化教学手段来实施教学。这样学生就能动用多个感觉器官而获得对动作技术的丰富感知，有助于对学生形象思维的激发，促进学生对武术动作的深入理解，提高学生的学习积极性和效率。利用信息化技术手段展示动态化的武术动作，将学生的视觉功能、听觉功能充分调动起来，使其认真观察、形象模仿、主动学习，多维度地展现整个动作过程，准确把握动作要点，并在教师的讲解中将关键环节的动作要领掌握好，顺利解决学习难题，这样课堂教学效率大大提升，学生也不易出错，一举多得。

（2）使教学内容更丰富，使学生的学习方式更加形象

在武术教学中，教学内容越形象、生动、具体，学生的记忆就越深刻，采用信息化教学手段可以更加生动形象地呈现武术知识与技能，使学生学习起来更方便，也丰富了学生的学习方式。武术理论知识与运动技能密不可分，在教学中将二者有机结合起来，刺激学生的多个感官，增加武术教学内容的趣味性，使学生保持高度的兴趣与充分的积极性去学习和练习，以提高学生自主学练效果。

不管是武术理论课还是实践课，都可以采用信息技术手段，利用信息化教学手段，以动态的方式传授课程，为教学提供良好的物质条件，并使课堂教学变得更加丰富多彩，即使是在武术常识、武术健身知识的理论课上，学生也不会觉得枯燥，也会学得有声有色、津津有味。理论教学中采用信息化手段可以节约课堂时间，这样学生的自主学习时间就更多了，而在学生实践练习中运用信息化技术播放视频，可以提高学生动作的准确率，减少错误，也能大大提高学生的课堂练习效果，增强学生的学习自信，使学生保持高度的学习热情。

（3）增加教学信息的丰富性

信息化教学手段在武术教学中的运用，不仅表现在多媒体技术的运用上，也体现在互联网技术的运用中。在信息化社会，信息共享的范围和程度

都大大增加。在这一背景下，武术文化广泛传播，越来越普及，武术教学的素材也越来越丰富。武术教师可以利用信息化技术快捷、迅速地将武术相关资料掌握在自己手中，学生也能从多个渠道获取信息、分享信息，第一时间了解重要的武术信息和武术比赛新闻，这是教育信息社会化发展趋势的重要反应，在学校教育的社会化与信息化发展中，师生互动渠道增加，互动越来越频繁，进而也丰富了课内外教学方式。总之，信息化教学手段为武术教师的教学和学生的学习提供了重要的技术支持，为师生共同研发武术课件提供了良好保障。

2.信息化教学手段的具体运用

在武术教学的各个环节都可以利用信息化教学手段来提高武术教学效率，完成教学任务。下面具体分析不同教学环节对信息化教学手段的科学运用。

（1）课前备课

在备课环节，武术教师可利用信息化手段进行教案设计，具体要以教材内容、教学目标和教学实际为依据而展开设计。在设计教案的过程中，武术教师要先对素材和资料进行有针对性的搜集，尽可能使搜集的素材既丰富、又有趣，而且实用，基于这些素材而制作出的课件更加形象、生动，武术教师要尽可能在课件中加入动画元素，以动态形式展现武术动作。同时，在动作分解教学中，可以画分解图，分别展示每个环节的动作，并配合讲解，将学生要重点识记和注意的要点用醒目的颜色做标记。武术教师设计多媒体课件，要对学生的实际情况予以考虑，如信息化素养、获取新知识的能力、兴趣爱好、武术基本功等，从而选择最适宜的内容或资料展示给学生。关于武术理论知识的教案往往显得比较单一和枯燥，为避免学生学起来不耐烦和没兴趣，教师可以利用信息化手段，将贴近学生生活的素材融入这类教学内容的课件中，使学生在学习中仿佛是解决生活中的问题，有更深刻的体验与感受。武术教师还要根据教学情况的变化而调整多媒体教学课件，灵活制作，提高课件的可操作性和实效性。

（2）课中教学

在武术课堂教学中，武术教师的工作主要是讲解、示范和指导学生练习，学生的任务主要是听讲和练习。讲解与示范是武术教师发挥主导性的重要表现形式，教师的讲解和示范水平对武术教学质量和效果有决定性的影响。武术教师在讲解前，可以先给学生呈现动作图片，或将动画资料播放给学生看，使其对所要学的技术动作有基本的了解，这时武术教师再进行讲解就能提高效率。教师在讲解中，对动作要领、重难点、易出错地方及注意事项要予以重点说明，讲解完后鼓励学生结合讲解内容和图片或动画资料上显示的动作进行模仿练习，使学生通过亲身练习而体会武术动作的运动生理学原理。在学生模仿练习的过程中，教师要多鼓励，并启发学生思考，使其主动发现精髓，领悟要领与精髓，而不是简单地模仿到形似即可。

在学生小组合作学习的过程中，教师要鼓励学生团结一致，相互配合，提高每个学生的学习水平，促进共同进步。教师在学生练习时巡回指导，及时指正错误，并将错误动作拍摄下来提醒学生错在哪，指导其尽快改正。这样学生可以高效率地掌握武术知识和技能，可以在反复练习中熟练掌握武术动作，并能提升其学习能力、实践能力，这对于实现"促进学生全面发展"的教学目标具有重要意义。

（3）课后反馈

学生只在时间有限的课堂上学习武术知识和练习武术技能是远远不够的，要熟练掌握武术知识和技能需要很长时间，除了课堂上努力外，课后也要付出时间去多学、多练、多体验、多感知。学生在课后进行武术练习不仅可以消化课堂上的教学内容，还有助于养成良好的运动锻炼习惯。课后，武术教师可以采用互联网技术建立线上交流平台，让学生踊跃参与交流和讨论，相互分享经验，互相学习，从而巩固课堂知识，提高记忆力。同学们在课后团结起来自主练习，自主组织小型武术比赛，在实践中提升武术技能水平。此外，课后反馈与总结也很重要，这需要武术教师的自觉和主动，主动分享教学经验，发现教学不足，强化教学改善，以不断提升武术教学水平和课堂教学效果。

（五）慕课教学法

1.慕课概述

慕课（MOOC），英文 Massive Open Online Courses 的缩写，意思是"大

规模开放在线课程"，慕课是远程教育的最新发展，本质是在线教育，核心要素包括大规模、开放、在线、课程。慕课作为信息化时代的产物，在一定程度上契合了当代教育发展的新模式，随着各类课程慕课教学的不断兴起，体育慕课也逐渐产生。

基于互联网而产生的慕课教学方法具有以下特征。

（1）规模化

慕课制作者发布大规模或大型课程，有众多学习者学习慕课课程。学生自主灵活地对自己的学习时间作出安排，学习空间也不受限制，在什么地方都能学习。可见，慕课不像传统教学那样有时空限制，打破这一限制后，慕课的规模和自由度都有了全新的升级。

（2）开放性

全球各个国家、民族及角落的人只要具备了互联网条件，都能够对优质的网上课程进行学习，网上课程具有开放性，面向的是所有人。

（3）灵活性

慕课虽然本质上也是线上课程，是在线教育的一种，但是其不同于从校本课程移植而来的传统网络课程。后者对学科的逻辑性、专业性、系统性都着重强调，而且参考课堂教学方式录制教学视频，视频时间长，和传统教学的区别只是一个是线下，一个是线上，其他基本没有明显的差异。相对来说，慕课就开放多了，这从课程内容、课程形式中都能体现出来，慕课的内容对学科、专业没有绝对的限制与规定，而与学生的实际需求及现实生活更为贴近，更强调课程内容的普遍适用性和综合性，强调师生线上互动，强调学生主动学习。

2.武术教学中慕课的具体应用

（1）开发教学内容

开发武术慕课教学内容，主要是要把好选题这一关。武术教师应该根据学校体育大纲、武术教学目标（身心健康领域的目标、运动参与和技能领域的目标以及社会适应领域的目标）、武术教学要求，并结合学生的武术知识基础和基本功水平而对教学内容进行筛选。设计每节课的教学内容时，都要明确哪些是教学重点，哪些是教学难点，要准确区分重难点内容和非重难点内容，然后在15分钟的时间内生动形象地讲解重难点，使学生理解起来更透彻，这既是对武术教师教学技能的考验，也是对学生获取知识及理解知识的能力考验和锻炼。

慕课教学对学生的自主学习意识与能力有较高的要求，学校要立足学生需求而开发慕课教学资源，要通过科学设计慕课内容资源而有效培养学生的学习能力。慕课内容资源的开发对武术教师分割知识点的能力也提出了一定要求，要求武术教师精确细分知识点，以符合慕课的特征，并满足慕课教学的需要。

（2）慕课制作

慕课教育是一种开放式教育、网络化教育，制作慕课的完整流程包括下列几个环节。

①慕课定位

武术课在学校教育中的地位越来越重要，武术教学越来越受重视，因此武术慕课也应该受到像其他课程慕课教学一样的重视。学校应该从本校办学情况出发，联系互联网公司，在公平、平等、互惠互利的基础上建立合作关系，共同开发慕课，面向全校学生进行在线武术教学，将慕课教学本身的开放性和规模化特征体现出来。另外，要为学生在线学习提供便捷服务，拥有互联网移动终端如电脑、手机、平板的学生，只要在线注册账号就可以在线学习武术课程，观看武术教学视频，学习各个模块的内容。

②视频策划

武术教师和互联网团队要合作完成慕课视频策划工作。制作视频要从章节方面来规划和考虑，还要考虑完成教学所用的时间，不同的知识点分别要用多久讲完，每个知识点都不宜占用太长的时间，否则与慕课的特征就不符了，也会影响学生学习时注意力的集中度。但是一味追求短视频、快速度也是不合适的，在有限的时间内简短介绍武术知识点基本只能笼统概括，来不及讲武术精髓，影响学生的武术学习效果。所以武术教师和视频制作人员要提前考虑好每个知识点大概占用的时间，重点知识点时间长一些，非重点时间短一些，灵活安排，考虑好了再录制视频。武术教师也可以观看其他体育项目的慕课视频，吸取经验，学习视频制造软件，掌握视频制作的要点，从而亲身参与到武术慕课视频的制作中来。

制作视频，要做好收集慕课素材的准备工作，还要选择制作工具，并能灵活操作。这是非常重要的两个步骤。收集慕课素材要以武术教学内容为依据，学校一些工作人员因为还不具备很强的多媒体实践技能，所以慕课素材主要来源于学校自制素材、信息技术公司的加工素材两方面。前者包括课本内容、学生课外活动内容。后者是指信息技术公司人员利用互联网和专业设备而加工原始材料，包括制作场地图，呈现某一武术套路的分解动作和完整动作以及制作图片和配乐等。

慕课教学视频呈现出的效果要比微视频好一些，这与慕课本身的规模化、开放性有关，而微视频相对比较小众化。制作慕课视频对视频拍摄场地、拍摄者以及拍摄工具的要求都很高，常用的制作工具包括PS（图片编辑的图像处理软件）、PR（视频编辑软件）和AE（图形视频处理软件）等。

③视频录制

影像摄制是非常重要的一个环节，做好这一工作，有助于使视频课件既清晰准确、简洁易懂，又与教学节奏与要求相符。慕课实施对教学情境、影像艺术的要求很高，所以进行影像摄制更为可靠。在这一环节既需要教师做好准备，也需要摄影人员做好准备。

教师准备：体育教师要紧紧抓住武术慕课的特征而认真备课，在录制前了解一些武术文化，了解怎么穿搭显得符合中国武术文化的气质，而且还要了解如何调整身体姿势更上镜一些，要注意仪表仪态，要保持良好的精神面貌，将武术教师的风采展现出来。正式拍摄前，武术教师要和摄影师沟通好，讨论拍摄中要注意的地方，最终提高拍摄效率，呈现出成功的影像作品。武术教师上镜时表情要自然一些，谈吐要清晰，目光要自然，可以将非语言符号适时加入教学中，自然大方，以赢得线上学习者的认可。

摄制准备：拍摄人员在正式录制前要准备好所有器材、设备，要随时对场景布置、器材设备的功能进行检查，以免出现突发情况，影响正常录制。只有把各个方面的准备工作做好了，录制才会更顺利，效率才会提升，才会有一个愉快的录制过程和录制体验。

为保证视频录制质量，一般要搭建专门的演播厅供武术教师讲课，以方便录制。演播厅作为重要录制场地，要做好场景方面的准备，具体来说，要准备好摄像机、背景布、讲桌，除了这些必需的布景外，还要搭配一些装饰品，这样整体看起来不会太僵硬，只有环境自然大方，武术教师在录制时才不会过于紧张，才会有很好的发挥，很成功地完成录制工作。

在拍摄视频时，要由专业人员调整机位，构图要有美感，一般准备两台摄像机，分别正对与侧对武术教师，进行两个角度的拍摄。

④视频剪辑

影像摄制完成后，后期要对录制视频进行加工，这就需要将一些常见的视频编辑软件利用起来，以呈现出最终的视频作品。所以说视频录制完不代表万事大吉，不代表真正结束了慕课制作工作，还需要再次加工。专业人员利用专门的软件进行二次加工时，可以将素材打乱，按照一定的逻辑关系和时间关系对各种素材进行调整，并导入重要的图片、动画或声音，从而呈现出形象生动的视频作品，使视频作为学生的学习资源而发挥自身的重要价值。

⑤平台上线

完成剪辑工作后，慕课制作的整个过程也就结束了，这时就需要信息技术公司上传最终的视频作品。学校在官网上传视频链接，学生登录官网、完成注册便可以看到录制好的视频，进行在线学习。

（3）教学组织实施

要顺利实施武术慕课教学，就要在上传慕课视频后有效监控学生的学习，同时也要鼓励学生自觉进行线上学习。

武术教师在移动终端后台可以对学生的学习情况、反馈信息进行监控，能够用表格形式下载详细数据，从而对学生的在线学习情况有更直观的了解。通过后台监控可以发现哪些学生没有按时完成在线学习任务，从而提醒这些学生及时弥补，以提高学生的自主学习意识。

学生在线学习慕课视频，遇到任何问题都可以在线反馈，教师或工作人员在后台实时解决问题。

第三节 学校武术教学中文化教育性的重塑

一、学校武术教学中文化教育性的缺失

（一）文化教育性缺失的境遇

中华武术诞生于中国传统文化的土壤之中。传统文化的教育性在武术运动中一直都有非常明显的体现。武术强调要加强对人的品德教育，而且将此放在一个非常重要的位置上。所以，以学校武术作为教育人的载体，也是强国的一个重要手段。中国武术自走进学校开始，就肩负着振兴中华的重大使命，现在，武术教学已经成为学校体育教育体系中一个非常重要的组成部分，其在育人方面发挥着重大的作用。

但是，随着时代的进步，人们掌握的体育知识日益丰富，这时，体育思想也发生了一些变化。当前，学校体育教学要严格贯彻"健康第一"的指导理念，这也是体育教学的一项重要目标。作为学校体育教学的一个重要组成部分，武术教学虽然健身价值突出，强身健体的作用明显，但在西方体育文化的影响下，以中国传统文化为理论基础的武术养生观念很难获得学生的肯定。西方体育项目时尚流行，简单易学，武术动作缓慢，需要长期的练习和身体感悟才能有所建树，这两者之间存在着很大的不同。在体育学的范畴下，人们将人文底蕴深厚、文化内涵丰富的武术运动作为一种强身健体的运动手段，因而为了与学校体育的要求相适应，武术教学也不得不削足适履。这样，武术的健身功能、娱乐功能就得到了进一步强化，而且文化教育功能在整个功能系统中退居其次。受西方强势体育文化的冲击，在我国武术教学中，武术运动已被改得面目全非，我们在武术运动的教学内容、教学方法、教学手段中几乎已经看不到武术最本质的东西了。从发展趋势上来看，武术教学也开始贯彻西方体育思想，健身性、竞技性、表演性、娱乐性等成为学校武术的主要发展方向。这样一来，学生喜欢武术运动却不愿意上武术课的

尴尬局面就形成了。

虽然我们承认，在体育范畴只重视健身价值的武术使中国武术变得简单了，更容易学习了，但是也使武术与传统、与文化离得越来越远了，实质上，这是对中国武术的一种异化。当前，我国学校武术教学与武术文化的本质已经偏离了，所以学校武术教学中存在着严重的文化教育性缺失问题。

（二）文化教育性缺失的缘由

1.西方体育思想的侵蚀使武术教学中的文化被弱化

随着西方体育项目的不断涌入，西方田径、球类游戏成为我国学校体育教学的主要内容，体育教育观念也逐渐以健身、娱乐、竞技为主。作为体育课程的主要内容之一，武术自然也受到了西方体育观的影响。在西方体育思想的影响下，学校统一安排武术教学内容，统一规范武术教学形式，统一实施武术考试，并统一进行武术成绩评定，这样的武术教学与其他项目的教学无异，丝毫没有体现出武术中传统的本质，如此死板老套的教学模式怎能吸引学生的兴趣？

另外，学校在对武术教学内容进行选择时，大都是选择散打与套路。武术套路的竞技色彩很明显，技击价值却不突出，所以有人以"花拳绣腿"来称呼武术套路；散打运动与西方拳击比较相似，我国武术博大精深的技法在散打运动中得不到充分体现，表面来看，散打只是充满野蛮色彩的肢体运动，其缺乏丰富的文化内涵。由于武术教学中没有重视文化教育，所以学校师生关注的只是武术的健身与娱乐因素，而非其博大精深的文化内涵。总之，文化教育的缺失使得武术的文化教育功能没有得到应有的重视。

2.教学理念的改变使武术教学中的文化被异化

我们不否认武术的某些功能缺失属于体育的范畴，可以使人们对健康理念追求的需要得到满足。但是，体育的运动价值绝非中国武术的核心价值，中华武术更强调"精、气、神"，有更高的境界——"内外兼修、天人合一"。

然而，我国选择了西方体育的教学理念来发展学校武术教学，西方体育理念注重的是公平、竞争、个性。在这种理念的指导下，我们不得不进行西化的武术教学。在具体的武术课程教学中，教师以西方体育思想来对博大精深的中国武术进行解释与传授，从西医解剖学的角度选择与运用教学手段，这样学生对武术的理解就只是停留在表面上，如出拳的速度、踢腿的高度等，而且学生过分追求蛮力、外形，对武术本身的身法、功法、协调、劲力等没有丝毫的关注。此外，教师主要以口令指挥、完整教学、分解教学等方法来进行武术实践教学，学生在习武过程中追求标准的外形和华丽的动作，而不在乎对武术套路神韵的表达，可见内外兼修、天人合一的武术习练要求根本没有得到重视。

我国武术的拳理、拳意是很难通过西方的文化思维方式解释清楚的，而因为传统文化根基缺失，人们又无法理解我国传统的思维方式。于是，我国的习武人群日益减少，而学习西方同类项目如跆拳道的人却在不断增加，尤其是青少年，对跆拳道这样的外来项目很痴迷。我国选择的体育教学理念是以西方体育思想和思维方式为内核的，与中国传统文化思维方式的教学理念丝毫不同，所以在武术教学中也就忽视了文化教育性。文化教育的缺失使学生无法认同与理解武术文化，如果长期如此，武术终将难逃没落的命运。

二、文化教育在学校武术教学中的重塑

（一）教学内容——以传统武术为主

我国传统武术拳种复杂，这是其与世界各国武技相区别的一个显著特征。作为我国传统文化的重要载体，武术拳种凝聚着武术创造者和延续者的思想、品格及智慧等，区域文化特色一定程度上在武术拳种中也有体现。中华武术最吸引人的地方就在于拳种。我国的武术拳种不是一门单一的技术，而是身体文化与其他丰富文化的集合体，拳种的类型很多，有徒手与器械之分，有单练和对练之分。此外，武术拳种融汇了技术与文化，凝结着情感与精神。当前，武术基本功、基本动作、套路动作是我国学校武术教学的主要内容，而且在具体的教学过程中完全按照同一种模式与程序教学，即先教基

本功，然后教基本动作，最后教套路动作。不管是普通学校，还是专业体校，都是按照这一模式教学，而且在具体的教学过程中也没有难易上的区别，按照统一的标准实施教学计划，因此对于普通学校的学生而言，要学好武术有一定的难度。

竞技武术也是学校武术教学中的主要内容，而且很多学校重竞技武术教学，轻传统武术教学，因而没有充分利用传统武术的教学资源与素材。竞技武术强调训练学生的身体素质、提高学生的体能水平，这样武术教学就变得难学、难练，而且与其他竞技项目的教学相类似，武术文化教育则没有受到重视。对此，学校应该选择最能代表我国传统文化的传统武术项目作为重点教学内容，从而更好地保护与传承传统武术拳种。学校只有注重对传统拳种的教学，才会使武术教学变得更加充实与饱满，也才能真正为民族文化的复兴做出贡献。

（二）教学途径——重视身体体悟

我国传统文化区别于现代文化的一个主要特征就在于重视直觉、体悟。中国儒道释三家都主张直觉地把握宇宙人生之根据和全体。中国哲学认为，只能靠直觉与顿悟认识宇宙本体，不能靠语言、概念、逻辑推理等方法。因此，武术教学中，要注重将身体体悟作为重要的教学途径。

练习武术套路，提高武术功力，这些都与身体的体悟是分不开的。要想在练习武术的过程中达到一定境界，就必须注重对武术的感悟，感悟不是简单的思考，更是亲身的体验，唯有积极思考，用心体验，才能使武艺更精湛，才能达到登峰造极的地步。以桩功的习练为例，要掌握这一功法的技击技巧，就要将自身与自然融合起来，通过自我体悟达到天人合一的境界。武术修炼的重点是"在感悟的过程中将简单的招式和动作复杂化，同时在感悟的过程中将复杂的动作招式简单化"，然后精通与熟练各个动作，并在此基础上逐步开悟，最后才能对"艺"的真谛进行洞悉，才能达到高超的艺术境界。

在武术教学过程中，学生从初步学习技术动作到精通技术动作，都离不开身体感悟。如果没有经过"体悟"，武术也只是体育范畴中一项极普通的运动，只是一种简单的身体运动形式，枯燥乏味，毫无内涵。不注重"体悟"也正是当前武术教学中存在的一个关键问题。对此，在今后的武术教学中，教师应选取"身体体悟"的教学途径来引导学生亲身对武术动作、招式、内在功力、礼仪等进行感悟。学生在习武过程中只有通过身体静心地体悟，才能达到内外兼修、天人合一的境界，才能对博大精深的中华武术有更深的理解，也才能对传统文化进行更好传承。

（三）条件保障——营造武术大教育环境

当前，我国正在由人口大国向人口强国转变，在这一背景下，我们必须实施"大教育"，而这必须落实到学校教育的各个方面。因此，学校也应在大教育观念的指导下开展武术教学，营造良好的武术文化氛围。

中华武术以传统文化为根基而形成，其自然也融合了哲学、兵学、文化学等多元文化。要在大教育环境中进行更高层次的武术教学，就需要对传统的武术教学模式进行改革，对相应的武术大教育体系进行构建，在校园内外加强对武术教学的宣传与普及，使学生在浓郁的传统文化氛围中学习武术，丰富武术知识，提高武术技能，传承武术文化，并时时接受传统文化的熏陶。

第四节 武术精品课程建设

一、高校武术精品课程建设的情况

在高校体育教育中，武术课程的设置形式主要有三种，即专业必修课、专业普修课和选修课，通过设置武术课程，高校培养了大量体育教育、民族

第五章 当前学校武术教学现状与改革创新

传统体育等方面的专业人才。高校不仅要设置一般武术课程，还要设置精品武术课程，精品课程的建设有助于高校"质量工程"的完善，有助于武术教学质量的提高。我国师范院校、体育院校、高职高专学校、综合大学等是武术精品课的主要来源，详见表5-1。

表5-1　中国武术精品课程情况（部分）①

课程名称	单位	级别
武术	上海体育学院	国家级
散打格斗	福建警察学院	国家级
武术	天津体育学院	省级
武术	成都体育学院	省级
太极拳	北京体育大学	省级
武术散打	西安体育学院	省级
武术教学	浙江大学	省级
武术	湖北大学	省级
武术	沈阳体育学院	省级
武术	河南大学	省级
武术	天水师范学院	省级
河北民间武术	河北体育学院	省级
武术	中南民族大学	校级
武术	华中师范大学	校级
武术	连云港师范高等专科学校	校级
武术	成都大学	校级
武术	扬州大学	校级
武术（太极拳）	黄河科技学院	校级
武术	洛阳师范学院	校级
武术	广州体育学院	校级

① 李蕾，王海鸥.中国武术精品课程建设存在问题与对策的研究[J].搏击（武术科学），2012（09）：79-81，84.

续表

课程名称	单位	级别
武术套路	广州体育学院	校级
武术套路	河北体育学院	校级
武术	咸宁学院	校级
武术	四川理工学院	校级
武术普修	湖南师范大学	校级
武术课	福建中医学院	校级
武当武术	郧阳师范高等专科学校	校级
太极拳	邯郸学院	校级
太极拳	柳州职业技术学院	校级

高校建设武术精品课程，能够全面促进高校课程建设水平和教学质量的提高。作为典型的示范性课程，精品课程的教师队伍、教材、教学内容、教学方法、教学管理等都是一流的。精品课程面向的服务对象主要是高校教师和学生，同时社会学习者也是其主要的服务对象之一。为贯彻精品课程建设的要求，许多高校建立专门的武术精品课程网站，教学资源的共享与应用得到了初步实现，教师与学生有了更丰富的渠道来获取教学资源。但是，当前我国高校武术精品课程建设依然存在一些问题，严重制约了精品课程教学的发展，主要问题有以下几个方面。

（一）武术精品课程教学内容单一

高校武术精品课程选取的教学内容基本上和全国通用的武术教材内容一致，武术发展、武术教学、武术竞赛规则等是主要的理论教学内容。武术操、初级拳、长拳、太极拳等，刀枪棍剑等器械套路以及散打技术等是主要的实践教学内容。从这些内容来看，我国武术精品课程的教学内容还比较单一，而且所选取的内容也没有将武术地域性和民族特点很好地体现出来。

（二）武术精品课程制作技术的限制

当前，我国各高校精品课程的共有资源中，所占比最大的是数字化的文本，PPT 动画教学课件排在第二位，教学录像与视频所占的比例最少。由于教师掌握的相关技术较少，所以难以深入研究与开发课程教学内容资源，也难以使"文字教材搬家"的现象得到改善，因此，武术授课教师需要掌握基本的网站研发、程序与软件设计等技能。

（三）武术精品课程的互动交流较少

通过调查武术精品课程网站建设的基本情况后发现，大多数网站都对交互平台如BBS或留言板等进行了利用。但因为受各种因素的影响，这些平台的利用率较低，很少有网站阅览者利用该平台进行互动交流。在这一平台上交流的问题也很少，有的武术精品课程甚至无人问津。

二、优化武术精品课程建设效果的策略

（一）加强对武术精品课程的宣传

当前，推动武术精品课程建设，必须改变网站关注人少、点击率低、交流缺乏等现状。而改变这些现状的主要途径就是进一步宣传武术精品课程。教育部、武术运动管理中心、高校以及参与课程建设的武术工作人员等都是重要的武术精品课程宣传主体，这些主体可以通过借助媒体渠道、开展相关活动来宣传武术精品课程，使武术精品课程这一优质资源能够广为人知，并被更多的人利用，从而使精品课程"服务于社会，服务于终身学习"的价值真正得以实现。

（二）重视武术授课教师的专业成长

在武术精品课程建设中，教师是关键的参与者，只有有高素质的优秀课程建设师资梯队做保障，才能建设出高质量的精品课程。

为了使武术授课教师全面掌握现代教育技术，高校及有关部门需针对武术教师开展现代教育技术培训，使教师掌握并积极使用现代教育技术。只有让教师掌握了现代教育技术，才能使武术精品课程建设中"文字教材搬家"的现状得到改善，也才能进一步转化、拓展与延伸武术教学重点、难点内容，并使学生更易接受。此外，教师掌握现代教育技术可以减少对教材的依赖，从而更好地发挥自己的主观能动性和创造力。

武术授课教师除了要掌握现代教育技术外，还需掌握本学科知识，中国武术内容繁多，流派纷呈，技术体系庞杂，教师只有系统掌握这些知识，才能更好地致力于精品课程建设。

（三）武术运动管理部门进一步科学引导武术精品课建设

武术运动管理部门有自己的官方网站，如武术运动管理中心官网、健身气功协会官网、中国武术段位制标准化官网等，因此可以将这些网站的优势充分利用起来，对武术精品课程的建设进行积极的引导。武术运动管理部门可以在这些官网上对武术的最新动态进行及时的更新，与此同时，还可进一步宣传武术教学、科研方面的信息。我国在武术运动发展战略中提出了"让一亿人习武"的目标，通过建设武术精品课程可以促进这一目标的实现。

第五节 "一校一拳"视域下学校武术教学改革

一、一校一拳的内涵

近年来,我国开展了"武术进课堂"活动,并积极推进这项活动在全国各地的开展,旨在增进青少年体质健康,弘扬传统武术文化,增强民族文化自觉与自信心,这也体现了武术教育的传承价值与现代意义。为促进这项活动的广泛开展,2013年9月,由上海体育学院牵头,26所高校组成了对带动武术教学改革起到关键作用的组织——全国学校体育武术项目联盟,该组织提出了武术教育改革的新思路,即著名的"一校一拳"武术教育思想——"一校一拳,打练并进;术道融合,德艺兼修"。[1]

"一校一拳"指的是学校在武术教学中集中进行一种拳法的传授,或地方学校根据本地传统武术拳法开发武术校本课程,弘扬特色武术文化。传承武术文化,必然少不了对各种武术拳种的传承,不同的武术拳种在漫长的发展历史中形成了自己独特的文化内涵和技击体系。践行"一校一拳"的武术教育思想,要以武术拳种为载体,在拳种教学中弘扬中国武术文化和民族传统文化。

二、"一校一拳"视域下学校武术教学改革

"一校一拳"武术教育思想为学校武术教学改革提供了指导,具体要从

---

[1] 王若楠,吴攀文,柳亚奇,等."一校一拳"视域下我国中小学武术教学改革探析[J]. 长春师范大学学报,2017,36(12):93-96.

以下几个方面来落实改革工作。

（一）加大校园武术宣传力度

学校武术教学的开展需要一个良好的校园武术氛围，因此要加大校园武术宣传力度，创造良好的武术环境氛围，形成校园武术特色，具体可以在体育节策划、大课间活动组织中加入武术相关内容，或者将武术体验活动融入夏令营、冬令营中，促进武术在校园的广泛普及。

（二）建立武术教育推进机制

学生的发展是有规律的，阶段性是规律表现之一，学校武术教学设计要符合学生的成长规律和身心特点，要针对不同学段的学生进行不同的设计，以循序渐进地提升学生的武术文化素养和学习效果。

例如，在小学武术教学设计中，要调动学生的感官功能，以培养兴趣为主，不要一味灌输难学难懂的套路，否则会使学生失去兴趣和学习积极性。对于小学低年级的学生，武术教学内容应以武术基本知识、武术基本动作以及简单的武术操为主。对于小学高年级的学生，武术教学内容应在之前的基础上加上基本动作的针对性练习、体能练习以及简单套路动作，从而逐渐提高学生的武术运动水平。

中学武术教学与小学武术教学又有所不同，初中武术教学可增加对抗性运动，高中武术教学可增加器械项目和完整套路动作，并安排实战练习，提高学生的武术运动能力。

（三）优化武术师资队伍

学校武术教育能否顺利开展，教育质量如何，都在一定程度上直接取决于师资因素。武术师资缺乏必然限制武术进校园活动的推进，也必然制约武术教育教学效果。因此，在"一校一拳"教育思想下，必须加大武术教师培养力度，优化武术师资队伍结构，这是首要工作，也是关键任务。在武术师资队伍结构优化中，要做好以下工作。

第一，引进高段位的武术教师，以教师的专业素养推进校园武术段位制的顺利实施。

第二，武术教师是武术进校园活动的引路人，也是武术教学最直接的执行者。当前，一些学校武术教师专业技能欠缺，教学能力有限，从而影响了武术教学质量。对此，要加强对在职教师的专业培训，提高武术师资队伍的整体水平。

第三，聘请地方武术专家来校开展讲座或教师培训工作，提高学校武术教师的专业水准。

（四）注重武术考试

当前，武术进校园活动的推进速度比较慢，武术教育的成果也与预期有一定的差距。基于这一现实，教育部门要从考试改革着手来吸引各级各类学校对武术教学的重视，如制定相关制度，规定学校期末考试或升学考试要进行武术考核，考核指标与内容可由各校根据实际情况自己设置，但不能流于形式，要有实质性举动。

第六章 文化传承视角下武术项目教学改革研究

中国武术博大精深，内容丰富，包含各种拳术、搏击类项目、器械类项目等。庞大的武术内容体系决定了武术传承是一件任重道远的大工程，应该先从重点项目入手，逐步推进。拳术中的太极拳、搏击中的散打以及器械类项目中的枪术等，都是武术内容体系中的重要组成部分，这些典型项目自身的特点适应当代学生的生理需求，满足学生的心理特点，对促进学生的发展具有特殊意义，因此在学校武术教学中可以先设置这些项目课程，以促进学生体质的增强和推动武术文化的传承。本章主要对这些经典武术项目的动作教学及教学改革发展进行研究。

第一节　太极拳教学与改革

一、太极拳套路动作教学指导

太极拳是我国传统的体育形式，在国内外都有众多的太极爱好者。历史上流传着很多关于太极拳起源的传说，事实上，明末清初河南温县的陈王廷最早传习太极拳，这一起源说已经得到了中国武术史学家唐豪的考证。陈王廷将古代的导引养生术和经络学说结合起来，对道家的《黄庭经》展开了研究，并以戚继光的《拳经》为参照，博采众长，经过不断地继承和创新，对陈式太极拳进行了创编。陈式太极拳的发展历史已近400年。

太极拳简单而又高深，其集练气、健身、养生、防身、修身于一体，对促进身心健康十分有益，因此受到了各级学校的青睐，纷纷将此作为体育教学内容引入学校课堂中。学习太极拳可以从二十四式太极拳开始，这是一套初级的太极拳套路，非常适合新入门的学生。二十四式太极拳是对传统太极拳的高度凝缩和提炼，动作规范，套路流畅，熟练地掌握二十四式太极拳，对人的气息、身体形态以及力量等具有较好的健身功效。

（一）第一组

1.起势

左腿向左移动一步，两臂前平举，双膝稍屈，按掌。（图6-1）

图6-1　起势

2.左右野马分鬃

抱手收脚，转体迈步，弓步分手；转体撤脚，抱手收脚，转体迈步，弓步分手。（图6-2）

图6-2 左右野马分鬃

3.白鹤亮翅

跟步抱手，臀部后坐同时转体，虚步分手。（图6-3）

图6-3 白鹤亮翅

（二）第二组

1. 左右搂膝拗步

腰部与胯部放松，肩下沉，肘下垂，弓步推掌。（图6-4）

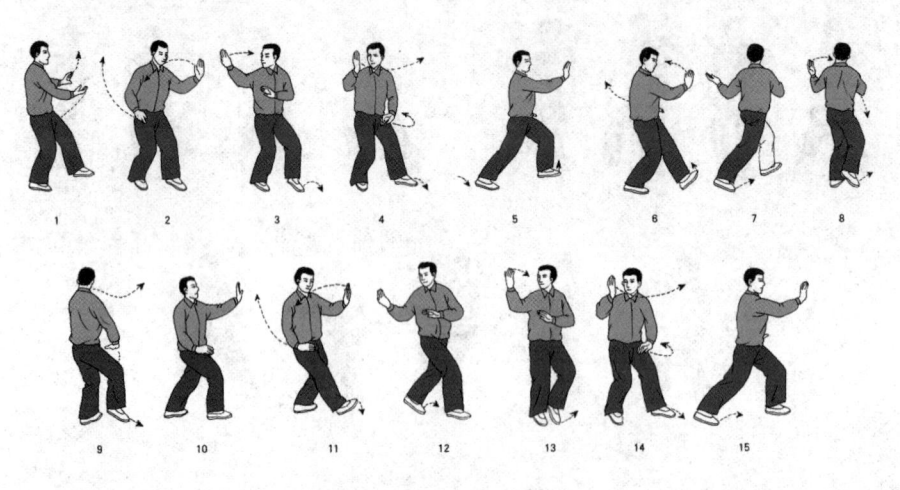

图6-4　左右搂膝拗步

2. 手挥琵琶

跟步展臂，身体后坐挑掌，虚步送手。（图6-5）

图6-5　手挥琵琶

3.左右倒卷肱

转体撤手,提膝屈肘,退步错手,虚步推掌。(图6-6)

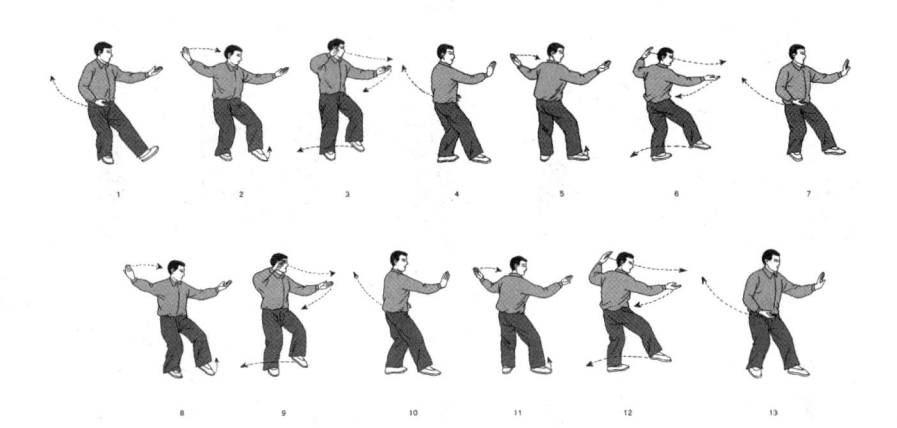

图6-6　左右倒卷肱

(三)第三组

1.左揽雀尾

转体撤手,抱手收脚,迈步分手,弓步掤臂,转体摆臂,转体后捋,转体搭手,弓步前挤,后坐收掌,弓步前按。(图6-7)

图6-7　左揽雀尾

2.右揽雀尾

转体撒手，抱手收脚，迈步分手，弓步掤臂，转体摆臂，转体后捋，转体搭手，弓步前挤，后坐收掌，弓步前按。（图6-8）

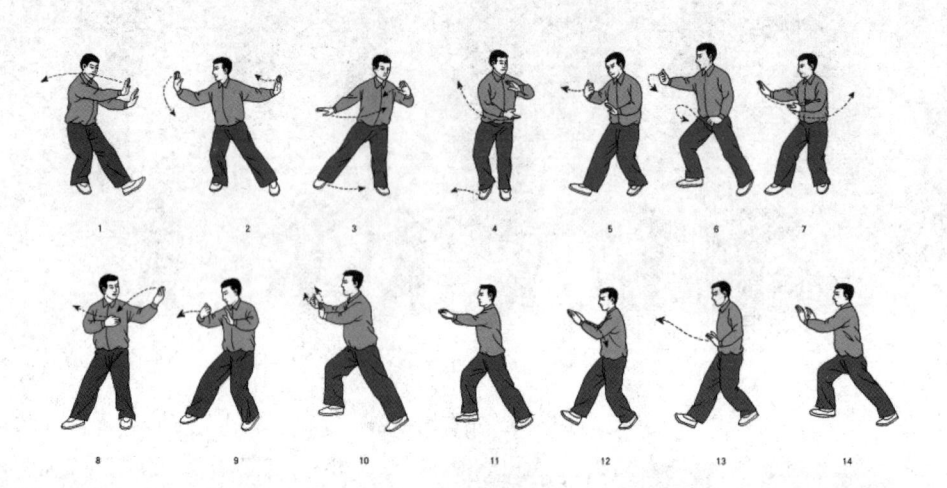

图6-8　右揽雀尾

（四）第四组

1.单鞭（1）

转体摆臂，勾手收脚，转体迈步，弓步推掌。（图6-9）

图6-9　单鞭（1）

2.云手

转体扣脚，转体松勾，收步云手，开步云手。（图6-10）

图6-10 云手

3.单鞭（2）

转体勾手，转体迈步，弓步推掌。（图6-11）

图6-11 单鞭（2）

（五）第五组

1.高探马

跟步松手，身体后坐并翻手。（图6-12）

图6-12　高探马

2.右蹬脚

穿掌提脚，迈步翻手，分手弓腿，跟步合抱，提膝分手，分手蹬脚。（图6-13）

图6-13　右蹬脚

3.双峰贯耳

屈膝落手，迈步分手，弓步贯拳。（图6-14）

图6-14 双峰贯耳

4.转身左蹬脚

转体分手，收脚合抱，提膝分手，分手蹬脚。（图6-15）

图6-15 转身左蹬脚

（六）第六组

1.左下势独立

收脚勾手，屈膝下蹲成开步，仆步穿掌，弓腿起身，独立挑掌。（图6-16）

图6-16 左下势独立

2.右下势独立

落脚勾手，屈膝下蹲成开步，仆步穿掌，弓腿起身，独立挑掌。（图6-17）

图6-17　右下势独立

（七）第七组

1.左右穿梭

落脚转体，抱手收脚，迈步错手，弓步推架；转体撇脚，抱手收脚，迈步错手，弓步推架。（图6-18）

图6-18　左右穿梭

2.海底针

跟步松手,身体后坐并提手,虚步插掌。(图6-19)

图6-19　海底针

3.闪通臂

提手收脚,迈步分手,弓步推掌。(图6-20)

图6-20　闪通臂

(八)第八组

1.转身搬拦捶

转体扣脚,坐身握拳,垫步搬拳,转体收拳,上步拦掌,弓步打拳。(图6-21)

图6-21 转身搬拦捶

2.如封似闭

穿掌翻手，身体后坐并收掌，弓步按掌。（图6-22）

图6-22 如封似闭

3.十字手

转身扣脚，弓腿分手，转体落手，收脚合抱。（图6-23）

图6-23 十字手

4.收势

翻掌分手，分手下落，双脚并立还原起始姿势。（图6-24）

图6-24 收势

二、太极拳教学发展现状

（一）授课教师对太极拳的认知情况

1.授课教师对太极拳课程的重视情况

在学校太极拳教学中，授课教师承担着非常重要的职责，肩负传播太极拳知识、文化及技能的任务，因此授课教师对太极拳课程的看法直接影响着太极拳教学质量。

在开设太极拳课程的众多学校中，很多授课教师认为学校有必要开展太极拳课程教学，少数认为这一课程可有可无，可见太极拳教师普遍重视太极拳课程的开展。

2.授课教师从事太极拳教学的目标情况

太极拳授课教师普遍将传授太极拳技艺作为太极拳课程的主要教学目标，还有部分教师将增强学生体质作为主要教学目标，将传播太极文化、调动学生学习积极性作为主要教学目标的授课教师相对较少。可见，传承太极拳文化、武术文化的教学目标还没有引起足够的重视。

（二）学生对太极拳的认知情况

当前，我国大多数学生不了解太极拳的健身原理，不了解太极拳技击原理的学生也非常多。很多学生对太极拳的受众存在误解，认为太极拳只适合老年人参加，对学生的学习与生活没有太大帮助。

总体来说，学生对太极拳的认知存在一定的偏差甚至是误解，大部分学生对太极拳的技击原理和健身原理不了解，对太极拳所蕴含的深厚文化内涵和哲理也不了解。太极拳集健身性、技击性于一体，文化积淀深厚，哲学内涵丰富，但在学生看来，其只是一种身体练习的方式，学生在不了解太极拳深刻哲理的情况下学习太极拳知识与技能，必然提不起兴趣，因此也难以对中华民族优秀的传统文化进行继承和发扬。

（三）太极拳课教学内容和方法现状

太极拳教学中，教学内容的设计是否合理直接决定了培养目标能否顺利实现、教学质量能否提高。现在，我国开展太极拳课程的学校，尤其是高校，基本上都是将24式太极拳作为主要的教学内容来传授。太极拳教学内容主要分两部分，即理论部分与技术部分。整体来看，24式太极拳套路动作短小精悍，动作规范，在修身养性、增强体质、自卫防身等方面有非常重要的意义。高校的学生在选课时选择太极拳这一课程，普遍是认为这一课程简单易学，可以顺利拿到该课程的学分。但他们没有意识到，太极拳套路动作的细节极其复杂，需要有意识地参与其中，并要在练习过程中达到柔和缓慢、轻灵圆活、处处带有弧形、连绵不断等要求。因此他们在经过几节课的学习之后，发现太极拳并不像他们想的那样简单容易，因此就失去了兴趣。再加上很多太极拳授课老师都是按照传统单一的教学方法进行教学，所以学生感到枯燥乏味，上课没有热情，很难积极主动地参与其中。

1.教学内容现状

作为我国优秀的武术项目，太极拳的实质既体现在其技击性与健身性上，又体现在以技术为载体的丰富传统文化上。在以我国五千年传统文化为

第六章　文化传承视角下武术项目教学改革研究

指导思想的背景下，太极拳的动作理论才逐渐形成并不断完善。因此理论部分的教学在太极拳教学中非常重要，理论教学与技术实践教学相辅相成。

然而，当前我国学校太极拳教学中普遍存在不开设理论课程的情况，有的学校虽然开设了太极拳理论课，但教师在理论课上依然只进行实践教学，不传授理论知识。还有一种情况是，理论课和实践课都开设，但比例相差悬殊，理论课时非常少，一般是在学期第一节课或最后一节课进行理论教学，而且传授的理论知识也不多，基本上就是太极拳的起源发展、流派特点之类的。总的来看，太极拳教学中存在的一个大问题就是理论传授不足，与实践相脱节，这严重制约了太极拳的教学质量。

2.教学方法现状

太极拳教学中，师生为促进教学目标实现、为将教学任务完成而采用一系列教学策略、组织方式、具体手段等都是教学方法的范畴，其具体包括两类，即教法和学法，前者的主体是教师，后者的主体是学生。授课教师应在对学生的实际情况进行充分考虑的基础上，结合自己的特点与条件来对恰当的教学方法进行选用，这样才能确保学生在课堂上"学懂、学会、学乐"，也才能取得良好的教学效果。

当前，很多太极拳授课教师在教学过程中采用的教学方法依旧以传统的讲解、示范、练习等教学方法为主，即按照先讲解，后示范，最后让学生自己练习的模式进行教学。经常采用多媒体教学法进行教学的教师并不多，大多数教师都只是偶尔采用。对于学生在学习过程中情绪的变化，经常予以关注的教师并不多。

讲授法、演示法和练习法是体育课堂教学中常用的几种教学方法，这些方法经过长期的发展一直到现在还在使用。教师运用这些方法进行教学时，在前面示范动作，学生模仿教师的动作，师生之间的交流很少，学生的主动性也难以得到发挥。太极拳教学是双边互动的过程，如果教师一味采用传统方法进行教学，不仅会消耗自己的精力，还难以使学生有效掌握教学内容。

太极拳是一项技击术，也是重要的养生术，其不仅重技击，同时也重养生，其具有突出的健身与修身价值，因此太极拳授课教师在教学过程中，不仅要对太极拳动作技术进行讲解，还要将太极拳的动作内涵传授给学生。太极拳是一项古老的技击运动,是传统武术的典型项目,其注重意与气的结合、气与力的结合,手、眼、身、法、步等的配合,这不仅是学练太极拳的基础,也是学练太极拳最重要的要点。如果教师没有将这些要点传达给学生,而是使学生强行记忆,就会严重影响学生的学习兴趣与积极性。最终学生会失去对太极拳课程的兴趣,从而不再积极投入其中。在一节太极拳课中,教师和学生必须进行互动与配合,当前,摆在太极拳授课教师面前的一个最关键问题就是如何提高学生的学习兴趣与学习积极性,创新课程是解决这一问题的关键策略。

(四)太极拳课评价方式现状

对教师的教学成果和学生的学习情况进行客观衡量和价值判断的过程就是教学评价。在整个教学系统中,教学评价是最后一个环节,这一环节能够为教学过程提供有效的反馈信息,有助于教师及时有效地调整教学情况,从而顺利实现教学目标。

从太极拳课程考核时间来看,大部分授课教师集中在期中、期末对学生的学习情况进行考核,还有部分教师仅在学期末进行考核,只有少数教师实施间断考核和期末考核相结合,并以间断考核为主。

从太极拳课程的考核方式来看,以动作技术考试为主的授课教师占到绝大多数,以理论考试与技术考试相结合的方式进行考核的教师只有少数。此外,关于学生是否理解了太极拳的内在文化,在考核中没有涉及。

三、太极拳教学改革与发展对策

(一)加强理论教学和武德教育

作为中华民族优秀的传统体育项目,太极拳不仅是一种有效的健身方式,而且是承载着丰富文化内涵的载体。但是,学校开设太极拳课程的情况并不理想，很多教师与学生对待这一课程的态度很不端正，因此太极拳在学校教育中的地位比较尴尬，通过学校教育也难以达到传播太极拳文化的目标。"未曾学艺先学礼，未曾习武先习德"是习武之人常说的一句谚语。太极拳作为武术的一种典型项目，同样要求参与者具备一定的武德，遵循"仁、义、礼、智、信"的信条。因此，在太极拳教学中，教师应注重礼仪教学，使学生尊师重道，此外还要将武德教育贯穿在太极拳教学的整个过程中，从而促进素质教育不断深化，促进学生个人修养不断提高。

（二）通过多种教学手段促进教学质量的提高

21世纪是资讯和创新的时代，因此在教育中要不断引入现代化教学手段，促进教学质量不断提高。多媒体技术在现代教育中的运用是现代教学手段最大的变革与创新。在教学过程中，对现代教学媒体加以合理运用，并与传统的教学方法相结合，可以促进教学效果的优化。

太极拳名家和优秀的运动员在展示自己技术水平的同时，可以最大限度地展现出太极拳的美感，如果在太极拳课堂教学中将太极拳名家或优秀运动员的表演视频播放出来，则能让学生直观地感知太极拳的动作特征、风格特色以及套路神韵，这有利于吸引学生学习的注意力。教师平时还应将太极拳名家的优秀视频或理论书籍介绍给学生，使学生利用课余时间自主进行学习。此外，当学生在练习整套太极拳动作时或参加太极拳技术考试时，可以对太极拳口令音乐进行播放，以培养学生的节奏感和韵律感。总之，充分利用多媒体技术能够减轻学生对教师的依赖，能够使学生转变被动学习的状态，从而积极主动地投入到学习与探索中。

（三）综合运用多种教学方法，建立科学评价体系

传统的太极拳教学方法较为单一，学生也因此而感到单调乏味。教师可以采用讲解、示范、练习、游戏等教学方法，使学生建立动作表象；教师可以根据不同学生的差异采用分层次教学方法和阶梯教学方法，这也是区别对待教学原则的基本要求；教师也可以引导学生进行分组讨论，以发挥学生的

群体智慧,使学生自主探索学习内容并解决遇到的问题,从而使学生的主动性得到最大程度的展现。

在刚进入一个学期时,教师首先应对学生参与太极拳活动的情况进行调查,以全面了解学生的身体素质、健康情况、太极拳技能水平,从而更好地开展教学设计工作;在期中、期末考核中,教师可以运用综合评价方法来对学生的学习情况进行考核,即学生自评、教师评价和学生互评相结合,采用这些评价方法进行评价,可以充分调动师生之间、学生之间以及学生自身内在的各种技击因素,从而有利于提高教师的教学水平,有利于促进学生协作意识的提高,有利于营造良好的课堂氛围。

(四)积极推动学生社团的发展,组织太极拳比赛

学校创办的太极拳社团也可以培养太极拳人才。学校应鼓励学生组建相关的社团,并给予一定的资金与人力支持,可选派专业太极拳教师担任社团的指导员,促进学生会员专业技术水平的提高,使太极拳得到更好的传播与发展。

当前,学生很少有机会参加个人、团体形式的太极拳比赛,对此,学校要积极举办太极拳赛事,为学生的实践锻炼提供机会。此外,学校还要鼓励学生参与社会上的武术比赛,使学生充分展现自己的武术技能。经过不断地参赛,学生的身心素质水平及太极拳技能都能够得到有效提高。

第二节 散打教学与改革

散打运动是依据一定的竞赛规则,运用武术中攻防技法(踢、打、摔等)进行徒手对抗的一种竞技搏击体育项目。散打运动起源于原始的生存和生产劳动,经过历代的发展,散打体系逐渐建立与完善。1979年3月,拳击

作为试点项目被确定下来，相关部门加大了研究这一项目的力度，而且社会上也不断出现一些公开的散打表演活动，通过科学研究与长期实践，有关工作人员最终对散打运动的技术动作进行了规划，并对散打竞赛的规则进行了完善，最终使得散打竞赛模式得以形成。现在，散打运动以其多元的价值和巨大的影响力逐渐走出国门，在世界范围内彰显自己的魅力，并向世人展示中国武术的博大精深。

一、散打技术动作教学指导

（一）散打基本技术教学

1.基本姿势

（1）头部姿势

下颌内收，眼睛的视线集中在对方的面部上，通过眼睛的余光来对对方全身的活动进行观察，将牙齿合拢，口与鼻协调呼吸。

（2）上肢姿势

左手握拳并向上抬，左肘部弯曲约90°～120°，左拳的高度与左肩齐平，向下沉左肘，向下倾斜拳心，轻握右手成拳势并放在下颌的右侧，右肘部弯曲约80°～90°，与身体轻贴。

（3）躯干姿势

头颈部与前方正对，含胸、收腹、收臀，放松肩部，气沉丹田，将身体重心置于两脚中间。

（4）下肢姿势

双脚前后分开站立，两脚间距离比肩微宽（约10～15厘米），稍向内扣左脚尖，脚尖对准前方，身体重心置于脚前掌，抬起右足跟大约2厘米高，前脚掌斜向前方触地，微屈两膝，稍向内扣右膝，保持下肢肌肉处于一定的紧张状态，但不要过分紧张。

2.步法

散打运动的常见步法有滑步、垫步、环绕步、弹跳步等多种,下面主要就垫步与环绕步的教学进行阐述。

(1)垫步

散打运动中经常会用到垫步,垫步的方向有前、后两种。采用垫步这一步法时,想要往哪个方向移动,就首先移动相反方向的那只脚,另一只脚随之跟进,而且跟进速度要快,基本姿势保持不变。如后垫步,做好基本准备姿势,左脚掌蹬地向后方移动一步,右脚随之向前移动一步,基本姿势保持不变。前垫步则相反。

(2)环绕步

散打运动中,环绕步也是一种基本步法。环绕步的动作是,做好基本准备姿势,用右脚前脚掌蹬离地面,左脚顺势向左滑动,滑动一小步即可,右脚随左脚的移动而同样向左滑动,右脚需要滑动一大步,基本姿势保持不变,向左滑动右脚时不能超过左脚。

3.拳法

常见的散打拳法有冲拳、摆拳、勾拳等几种,下面重点以勾拳为例进行教学分析。

勾拳分左抄拳和右抄拳两种形式。

(1)左抄拳

左脚在前,实战步。身体右转,重心略下沉,同时左脚掌蹬地,脚跟外转,向右上方挺髋,左拳借此力向右上出击,肘弯曲90°~110°左右,拳心朝里,力达拳面,眼睛注视前方。

(2)右抄拳

打右抄拳略同左抄拳,右脚蹬地,扣膝合胯,微向左转腰的同时,右拳由下向前、向上抄起,上臂与前臂之间的夹角为90°~110°左右,拳心朝里,力达拳面;左拳回收至右肩内侧。

4.腿法

蹬腿、踹腿、鞭腿等都是散打运动中的常用腿法,下面主要就蹬腿的动作方法进行教学解析。

蹬腿主要有以下两种方法。

（1）左正蹬

左脚在前，实战步，右腿直立或稍屈，抬起左腿膝部，大腿尽量向胸腹部位靠近，勾起脚尖，脚底向前蹬出，同时稍向后仰上体，力达脚前掌。

图6-25　左正蹬

（2）右正蹬

向前移动身体重心，左腿直立或稍微弯曲屈，稍向左转动身体，右腿膝部弯曲并向前抬起，勾脚，以脚跟领先向前蹬出，力达脚跟；送髋，向下压脚掌，力达脚前掌。

5.摔法

摔法也被称为"跌法"，在散打比赛中，常见的摔法有抱腿别摔、接腿勾腿摔、接腿涮摔等多种方法，下面主要以抱腿别摔为例来分析其动作方法。

对方用左腿对上体进行攻击时，迅速与对方靠近，从上面用右手将对方的左脚腕抓住，左臂弯曲用肘窝将对方的左膝窝夹住。然后身体弯曲用左手从裆下穿过，用左手掌将对方的右膝窝扣住，用右手将其左脚腕扳拉到右后方。身体向右后方向转动，同时身体重心下降，右手继续向右后方向扳拉，形成力偶，使对方快速失去重心，从而致使对方倒地。

图6-26 抱腿别摔

（二）散打组合技术教学

1.左冲拳—左踹腿

双方做好基本准备姿势，一方迅速向前用左冲拳对对方面部进行击打，然后直接用左踹腿对对方腹部进行攻击。出拳的速度一定要快，左踹腿在踹击时可以向前，也可以向身体右侧，以此来防止对方后退改变路线。

图6-27 左冲拳—左踹腿

2.左踹腿—右踹腿

双方做好基本准备姿势，一方采用滑步的同时用左踹腿对对方腹部进行攻击，然后左脚落地，直接用右踹腿对对方的胸与头部进行攻击。左踹腿动作完成之后，快速将身体重心移向左方，以便右踹腿能够顺利起动。

第六章　文化传承视角下武术项目教学改革研究

图6-28　左踹腿—右踹腿

3.右踹腿—左右冲拳

双方做好基本准备姿势，一方垫步用右踹腿对对方腹部进行攻击，随后直接用左右冲拳对对方面部进行连续攻击。出腿的速度一定要快，出拳动作与右脚落地几乎是同时完成的。

图6-29　右踹腿—左右冲拳

4.左冲拳—抱腿前顶摔

双方做好基本准备姿势，一方迅速向前用左冲拳对对方面部进行击打，随后将对方双腿抱住，用抱腿前顶摔摔倒对方。出拳的速度要快，完成进步抱腿动作时，身体要快速下潜。

图6-30　左冲拳—抱腿前顶摔

5.左侧弹腿—左右冲拳—左踹腿

双方做好基本准备姿势，一方采用垫步的同时用左弹腿对对方的腿部进行攻击，随后直接用左右冲拳对对方面部进行连续攻击，然后采用垫步步法用左踹腿对对方胸与头部进行攻击。

图6-31　左侧弹腿—左右冲拳—左踹腿

二、散打教学改革与发展对策

（一）对散打的场地设施进行改善

学校开展散打课程，首先需要具备一定的场地设施条件，只有这一基础条件具备了，才能使散打课程教学活动顺利进行。通过调查我国部分学校的散打场地与设施情况后发现，散打场地设施在学校严重缺乏，难以满足散打教学发展的需要，教师与学生对现有的场地设施条件不满意。

鉴于缺乏散打教学场地的现状，学校应加大对场地建设的投入力度，增加场地数量和提高场地质量。由于散打教学对场地并没有很高的要求，因此如果没有条件建设室内场地或专用场地，可以充分利用篮球场、足球场等场地，这样可以减少场地建设的资金投入，提高现有场地的利用率。通过对散打和其他体育课的上课时间进行合理调配，就可以有效利用现有场地来开展散打教学。等开设散打课程之后，再逐渐修建新的专用场地。

散打教学同样需要一定的设施器材，通过调查发现，学校现有的设施器材条件较差，学生和教师对此有很大意见，这就要求学校在建设专用场地的同时，购置与维修必要的设施器材，从而提高武术散打的教学质量。拳套、手脚靶、护具、沙包、软垫等都是散打教学中需要用到的器材，学校有关部门需及时购买这些器材，以满足学生的学练需要。

学校领导应该将散打课程的教学重视起来，加大资金投入力度，建设场馆，购买器材，为散打教学活动的开展提供优良的环境与条件，促进散打运动在学校全面发展。

（二）建设优秀的散打师资队伍

散打教学在获得学校领导的重视与支持之后，应该对经费进行合理分配与利用，在散打师资队伍建设方面加大资金投入，从而建设一批优秀的高水平师资队伍，具体从以下几个方面开展。

1.引进高水平、高素质的师资人才

散打教学中需要的教师是学习能力强、知识面广、技术结构合理、专业性强的教师，只有具备这些特征的教师，才能提高散打教学质量。对此，学校需要不断引进散打专业的高水平、高素质教师，促进散打教师整体业务能力与素质水平的提高，从而进一步促进散打教学的发展。

2. 资助教师外出培训与学习

学校要从经费上支持散打教师外出培训与学习交流，为教师提供外出学习的机会，从而促进现有教师知识面的拓展和业务能力提高，进而促进其专业素质水平的提高。

3. 建立奖惩制度，奖励优秀的教师

学校应该制定奖惩制度，督促教师有意识地促进自身科研能力与业务素质的提高，从各方面奖励科研能力强、专业素养高的教师。赏罚制度可以对教师积极研究散打相关知识、自觉提高自身专业素养起到积极的督促作用。

（三）加强散打教学的科学性和针对性

虽然散打是传统武术的典型项目，但是散打的教学要与现代化的需求相适应，要做到科学合理与针对有效。传统的教学方法虽然民族特色鲜明，但是与当代学生的身体及心理特点不相符，因此，为了适应学生的身心发展需要，要采取直观、生动、形象的教学方法来组织散打教学。在散打教学中，为了促进教学科学性与针对性的提高，应该从三个方面进行努力，即组织形式、教学艺术、动作教学。

1. 组织形式

在散打教学中，教学的组织形式不能千年不变，应对其不断进行改革与创新。以高校为例来说，一般高校都是在一年级和二年级设置散打课，选修这一课程的学生在学习能力、身体素质以及散打基础等方面都存在差异，因此在进行散打教学时，应该贯彻因材施教的原则，以学生的不同特点为依据进行针对性较强的教学。

2. 教学艺术

教学艺术能够直观体现教师的教学水平，教师要想促进散打教学水平的提高，就应该促进自身语言表达能力的提高，促进自身教学艺术水平的

提高。优秀的散打教师在讲课时一般都采用生动形象的语言，也经常采用比喻、排比等语言技巧，同时还会通过眼神交流、肢体动作以及表情变化等来配合语言讲解，从而吸引学生的注意力，提高学生学习散打课程的积极性。

3.动作教学

在散打教学中，散打基本动作是基础教学内容。教师对动作进行讲解时，不仅要对套路的完成过程进行传授，还需要对特定的场景进行模拟，向学生传授动作中包含的进攻或防守技巧，这有利于激发学生的学习兴趣。

（四）借鉴跆拳道成功经验推动散打教学的发展

散打是格斗类对抗性运动项目，跆拳道同样属于此类项目。跆拳道在最近几年以飞快的速度发展，关注跆拳道项目的人越来越多，且有越来越多的人参与到学习跆拳道的队伍中来。与跆拳道的发展相比，散打的发展相对较为滞后，二者发展的差距明显。

通过对散打与跆拳道的不同发展轨迹进行对比与研究，我们认为，发展散打运动，开展散打课程教学，可以借鉴跆拳道迅速发展的成功经验，具体从以下几方面着手。

（1）政府部门和学校应该对散打运动的发展给予高度重视，通过制定相应政策，鼓励与支持民族传统体育项目的发展，从而促进散打运动在学校的普及与推广。

（2）跆拳道拥有较为完善的段位体系，随着跆拳道发展水平的提高，其段位也有了相应上升。发展散打运动也应该对这一经验进行借鉴，促进散打段级标准的不断完善。

（3）学校开展散打课程教学，应贯彻寓教于乐教学原则，使学生在学习散打知识与技能的过程中，体验其中的乐趣，这样才能吸引更多学生。

（4）散打作为一项武术运动，蕴含着丰富的武术文化，因此在散打教学过程中，应将我国的武术精神传达给学生，使学生在掌握散打技能的过程中提升自己的道德品质与文化素养。

总之，在散打运动的发展过程中，对跆拳道发展的成功经验进行学习与借鉴，可以进一步规范与完善散打运动的发展体系，提高散打运动发展的科学性。不仅如此，还可以使散打运动在学校得到更好的普及与发展。

第三节　器械项目教学与改革

在武术搏击运动中所使用的器具或兵器总称为"器械"。武术中的器械有很多种类，主要包括长器械（棍、枪、大刀等）、短器械（刀、剑、匕首等）、双器械（双剑、双刀、双枪、双钩、双鞭等）和软器械（九节鞭、三节棍、绳标和流星锤等）。枪属于长器械，枪术运动中的枪法主要有拿、拦、扎、点、崩、穿、云、挑、劈等，这些枪法与各种步型、步法、跳跃相配合就构成了枪术套路。力贯枪尖、走势开展、上下翻飞、变幻莫测等是枪术套路运动的主要特点。本节主要就初级枪术套路的动作方法进行分析，并探讨武术器械项目教学改革与发展的思路。

一、武术器械项目套路动作教学指导——初级枪术

（一）预备式

（1）并步站姿，右手握枪杆立在体侧。向左平视。

（2）右手握枪上举，左手在右手上将枪杆握住。

（3）左脚向前跨出半步成左虚步。同时右手移握于枪把部位，左臂伸向左后下方，左手移握于枪杆上部，向左平视。

（4）左脚向左一步跨出，屈膝成半马步；右手握枪置于腰侧，左手向身

体左侧摆动枪杆，双目注视枪尖。

（5）右腿蹬直，上体左转成左弓步姿势；两手握枪向前平扎。

（二）第一段

1.插步拦、拿中平扎枪

（1）恢复半马步；将枪把撤回右腰侧，左手握在枪杆中段。

（2）右脚左插步；右手将枪把握住，右前臂上翻，左臂外旋，使枪尖向后向下划半立圆（"拦枪"）。

（3）左脚向左横跨成半马步姿势；右手从上向前下方划半立圆，最后停在右腰侧，左臂内旋使枪尖从下向前上方划圆（"拿枪"）。

（4）蹬直右腿，上体左转成左弓步姿势；双手握枪向前平扎。

2.跳步拦、拿中平扎枪

（1）恢复马步。右手握枪把收到右腰侧，左手握在枪杆中段。

（2）右脚迈向身体左侧，两手握枪拦枪。

（3）左脚蹬地起跳，落在身体左侧落地呈半马步姿势。两手握枪拿枪。

（4）蹬直右腿成左弓步。两手握枪扎枪。

3.绕上步拦、拿中平扎枪

（1）恢复半马步，两手握枪撤回。

（2）右脚向左脚前跨出一步，双手握枪拦枪。

（3）左脚向前上方跨出一步，双手握枪拿枪。

（4）右脚向左脚前方上步，上体向左转。两手握枪向前平扎。

4.插步拦、拿中平扎枪

（1）稍向右转体，双手握枪撤回。

（2）左脚向前上方跨出一步，右脚插向左腿后。向右转体，两手拦枪。

（3）左脚向左横跨呈半马步姿势。两手拿枪。

（4）蹬直右腿成左弓步。两手握枪向前扎。

（三）第二段

1.转身弓步中平枪

（1）右腿蹬直，屈左腿膝上提，上体向左后方转动180°。右手将枪把握住提到右上方，左手握在枪杆中部稍靠上的位置，伸直两臂。

（2）还原左弓步。右手将枪把握住从上向下翻转，左手握枪杆向上摆起，利用转腰的力向前平扎。

2.上步弓步推枪

（1）右转体成半马步姿势，两手握枪撤回。

（2）右脚向左前方跨出一步，两手握枪向上、向后、向下、再向前划立圆。

（3）右脚向左前方跨出一步呈右弓步姿势。两手将枪杆推向前下方，右手握枪把；左臂伸向左前方，枪尖保持斜向上。

3.仆步低平枪

（1）左仆步姿势。

（2）双手握枪稍微向后撤，沿左腿内侧水平直刺。

4.提膝抱枪

（1）直膝左转体，右脚向前一步跨出；左手抓在枪杆下段，右手抓在枪杆中段。

（2）左脚向前跨一步，向后摆动枪尖。

（3）左腿伸直，屈右膝上提；将枪尖由后向下、向前挑起，稍屈肘，左手置于左胯旁。

5.提膝架枪

右脚落地，屈左膝上提，右腿蹬直。右手握在枪把，右臂后举，枪尖指向前下方，与膝在同一高度。双目注视枪尖。

6.弓步拿、扎枪

（1）左脚落在右脚前，上体右转成半马步姿势。右手由上向下"拿枪"。

（2）右腿蹬直成左弓步。双手握枪向前平扎。

7.马步盖把枪

（1）半马步姿势，双手握枪撤回。

（2）两手上滑使枪杆后移，枪尖指向斜前上方。

（3）右脚向前一步跨出，向左后方向转体，屈膝呈马步姿势；将枪把从后下向上、向前、向体右侧劈盖。右臂伸向右后方，左手屈抱在胸前，枪身几乎平直。

8.舞花拿、扎枪

（1）右转体，右脚后撤一步。左手握枪向上、向前下压，右手握枪向左腋下绕行，使枪把向下、向后抡圆，枪尖向上、向前抡圆。

（2）左手握枪继续下压，右手向身体左侧伸直，双臂交叉于胸前。同时右转体，使枪尖沿右腿外侧后摆。

（3）左脚向前一步迈出，右手握枪向下、向后摆，停在右腰侧，左手握枪向上、向前抡摆，使枪尖向上、向前绕行。随即两手做拿枪动作向前平扎。

（四）第三段

1.上步劈、扎枪

（1）稍微向左转体，提起右脚平蹬向前方。左手握枪微上提，向上前方挑枪尖。

（2）右脚落在左脚前，屈膝交叉半蹲。右手下压由上向前下劈。

2.挑把转身拿、扎枪

（1）右转体成半马步姿势。两手握枪撤回。

（2）向左后方向转体，右脚向前一步迈出，两手松握枪杆使枪后缩，然后随着上步将枪挑起；向前伸展右臂，屈肘置于左腰侧，双目注视枪把。

（3）继续上挑，右脚尖内扣，屈左膝上提，向左后方转体180°，使枪尖右下方绕行。

3.横档步劈枪

（1）右转体成半马步。两手握枪撤回。

（2）右脚向后一步撤退，两手握枪使枪尖向前下方绕行；左脚向后一步撤退，屈右膝成左横档步。两手握枪使枪尖向身后、向上、向前下劈，左臂向前伸展，右手停在右肋侧。

4.虚步下扎枪

左脚向前跨出，脚尖点地呈高虚步姿势。两手握枪向前上方扎出。双目注视枪尖。

5.歇步拿枪

（1）左转体，右手握枪把向右、向下划半圆；左臂前伸。

（2）屈膝下蹲成歇步。两手握枪拿枪，左臂伸向前方，右臂屈肘置于腹前，枪身保持平直。

6.马步单平枪

（1）两腿屈膝下蹲呈马步姿势。

（2）左手向左平伸立掌，右手握枪把向右平扎。

7.插步拦、拿中平扎枪

（1）上体向右后方向转。右手握枪把，左手前伸将枪杆中端握住。

（2）左脚向左一步跨出，右脚向左倒插。双手握枪拦枪。

（3）左脚向左一步跨出，屈膝半蹲呈半马步姿势。两手握枪拿枪。

（4）右腿蹬直，上体左转成左弓步。两手握枪向前平扎。

8.弓步拉枪

蹬直左腿，右转体，屈右膝半蹲成右弓步。右手握枪把拉向右肩前，左臂下压，使枪尖向后下方绕行，双目注视枪尖。

（五）第四段

1.转身中平枪

（1）左脚右跨一步并屈膝，蹬直右腿。

（2）右脚向左脚内侧移动，持枪姿势保持不变。

（3）身体向左后方向转，右脚向前一步跨出呈右弓步姿势。同时左手前伸，右手握枪把前向下、向腹前绕行，使枪尖向身后、向上画圆。上动不停，双手握枪向前平扎，双目注视枪尖。

2.转身拉枪

（1）左转体，提左膝，右脚支撑重心。

（2）右手握枪把向上提到右胸前，左手握在枪杆中段，在转体同时枪尖向身体左下侧绕行。双目注视枪尖。

3.插步拔枪

（1）左脚落在左侧成横档步，左手向前下方推送并稍向右手附近滑握；右手将枪把向左下方推，使枪尖向前下拨动。

（2）右脚向左插步；右手握枪把向右肋前拉，使枪尖向后拨动。

4.并步下扎枪

（1）左脚左跨一步，两手握枪使枪尖向前上方挑起。

（2）右脚并向左脚，直膝站立。两手握枪使枪尖向左前下方画弧扎出，向前伸左手，双目注视枪尖。

5.跳步中平枪

（1）右脚向前跨出一步，左脚向右脚靠近，屈膝稍上提。右手将枪把握住向下翻转，随后将枪把撤到右腰侧做拿枪动作，向前伸右手握在枪杆中段。

（2）左脚落在右脚前，屈膝呈左弓步姿势。双手握枪向前平扎。

6.拗步盖把枪

（1）右转体，左脚后撤。手握枪杆后缩，左臂于胸前屈肘，右手置于右胯侧。

（2）左转体，右手从后向上、向前绕行，使枪把向上、向前盖臂，左手收到腋下。双目注视枪把。

7.仆步劈枪、弓步中平枪

（1）左脚并向右脚，屈膝上提，两手握枪使枪尖向上、向前画弧。向前伸左手，右手置于右肋旁。

（2）右腿屈膝全蹲呈左仆步姿势。左手用力下劈枪杆，向前伸左臂，上体前倾，双目注视枪尖。

8.转身弓步中平枪

（1）双手握枪将枪杆后缩，右脚向前一步跨出，屈膝。右手握枪使枪把向下、向前上挑起，左手位于左胯旁。

（2）上体向左后方向转，屈左膝上提。右手握住枪把，向上举到头部顶，左手滑握向枪把。

（3）左脚下落，屈膝，左转体。两手握枪拿枪后向前平扎。

（六）结束动作

（1）右转体成半马步姿势。右手将枪把握住向右腰侧撤回，左手将枪杆中段握住。

（2）直膝而立，左手将枪杆握住向后上方摆，稍向左转体。

（3）继续左转体，右手摆向胸前；左手继续落向后下方，使枪尖向下弧形绕行。左脚向体前迈出半步成高虚步。

（4）右手向上、向右拉开，左手向左摆，使枪杆在身前呈斜横姿势。

（5）右手落在身体右下方，左手向左前上方托起，使枪尖向左前、向右上方绕行。

（6）左脚并向右脚；当枪杆到达垂直部位时，右手稍上滑，将枪杆中下段握住，左手离开枪把落在体侧。平视左方。

二、武术器械项目教学改革与发展的策略

（一）明确教学目标

1.道德教育目标

武术本身具有德育功能，在武术器械项目教学中要充分发挥武术的这一功能，培养学生的武德。在武术器械项目教学的全过程中都应该贯穿德育，使正处于道德与行为习惯养成关键阶段的青少年学生接受良好的道德教育，树立正确的道德观，养成良好的道德行为习惯。

为实现道德教育目标，在武术器械项目教学中要适当增加关于武德教学内容的比例，并深入开发器械项目中的武德教育内容，利用这些有关武德的文化知识来达到道德教育目标，引导学生思想品德的提升、学习态度的端正和尊师重友观念的形成。

2.技能教育目标

在武术器械类项目中，手持刀、枪、剑、棍等器械，可以将它们看作手的延长部分，手法难以企及的长度和难度可以利用这些器械轻而易举地达到。但学生要将武术器械操作得非常熟练并非易事，需要有坚强的毅力和持久的恒心，坚持不懈，反复练习，不断提升器械感，然后发挥这些器械作为手的延长部分的作用，在练习中要求人与棍、剑等器械合一，每个学生要找到适合自己的演练方式，通过不断的练习来熟练掌握与运用各项技法，提升技能水平。

(二)丰富教学内容

器械类武术教学要循序渐进,先培养学生的兴趣,然后使学生对器械套路形成整体感知,最后对实用技能和演练技巧进行培养。在循序渐进的教学过程中,不同教学阶段安排的教学内容要有所差异,要为本阶段的教学目标服务,总体上要突出教学内容的丰富性与实用性。武术器械教学内容的具体安排可参考表6-1。

表6-1 武术器械教学内容案例示例[①]

教学目标	教学内容
培养兴趣,建立器械感,掌握基本动作	器械基本知识 器械基本动作 简单器械组合动作 ……
建立整体感知	自编器械操(动作短小精悍) 各种器械的初级套路动作 ……
提高演练水平和实战能力	太极剑 对练项目 ……

(三)采用伴乐式教学法

不同的武术器械在性能、技击特点等方面都有差异,学生学习武术器械运动,不仅要掌握好基本的手法、步法及身法配合动作,还要对器械的技法与变化方法加以掌握。所以说,武术器械教学的关键是让学生理解器械套路,并能在成套动作演练中将各种器械套路的特点、风格表现得恰到好处,

---

[①] 盛杰.中职校开设武术器械教学的可行性探析[J].当代体育科技,2021,11(05):164-166,169.

第六章　文化传承视角下武术项目教学改革研究

要达到这一点是比较难的。如果武术教师一味采用传统教学方法，如先讲解动作，然后进行分解与完整示范，再指导学生练习，那么学生的学习兴趣不易提高，最终也难以达到上述教学目标。所以，加强武术器械教法的改革与创新非常关键。伴乐式教学是一种不同于传统教学方法的创新性教法，它常常被运用于形体课程教学中，但如果将它合理地运用于武术器械教学中，也能达到意想不到的效果，这是众多武术教育工作者在长期的教学实践中创造的成果与积累的经验。下面具体分析伴乐式教学方法在武术器械教学中是如何发挥作用的。

1.吸引学生注意力

学校武术教学一般以班级集体教学为主，如果班级学生较多，学生武术基本功比较差，那么教师在教学中很难应付，再加上户外上课干扰因素多，学生不易集中注意力，面对复杂的器械套路动作，教师枯燥的讲解和示范无法使学生保持高度集中的注意力，甚至会引起学生的反感，这会严重影响课堂教学效果。而结合音乐进行器械动作教学，可以吸引学生的注意力，使学生认真听讲，观看示范，也能将学生的学习兴趣调动起来。

伴乐式教学方法能够促进学生有意注意的强化，学生逐渐熟悉音乐旋律和套路动作后，有意注意会逐渐向无意注意转变，这样学生学习的兴趣自然就提升了，学习效果也会有所提高。

2.活跃课堂气氛，提高学习效率

学生对武术器械教学内容是否感兴趣，与其个人情绪有直接的关系，而学生的情绪又受课堂教学趣味性的影响。武术器械运动讲求力量、速度和灵敏性，要求在演练中达到形神俱备、刚柔并济的效果，这类运动的技击特性主要表现为攻防兼备，而且动作变化多，如方向变化、角度变化、部位变化、轨迹变化等。如果学生的武术基础薄弱，那么很难把握好器械运动的技击特性，也难以从演练中体现出这些特点，经过练习后，如果学生的表现依然欠佳，那么他们的学习自信心就会下降，心理素质受到严重影响。在这种情况下，教师不适合再采用传统教学方法了，否则只会使课堂教学氛围更加紧张，增加学生的心理压力。此时正确的做法应该是转变教学方式，配合音乐来指导学生练习，增强学生神经系统的兴奋感，使学生将注意力集中到课堂上来，为学生创造活跃的学习氛围和课堂环境，使学生学起来更有趣、更有积极性，也更有自信心。

3.提高动作的表现力

武术器械运动的套路动作具有鲜明的节奏感，动作的动与静、快与慢都要处理好时间节拍的问题，只有把握好节奏，才能达到动静相宜、刚柔相济的良好表现效果，才能使该舒展的动作舒展，该紧凑的动作紧凑，该快的地方快，该慢的地方慢，才能给人一种动如涛、静如岳、落如鹊、立如鸡、站如松、快如风等形象逼真的感觉。如果能够按节奏完成整个器械套路，那么将会提高动作的审美效果，具体从形体美、造型美、动态美以及节奏美等多个方面体现出来。器械套路本身就具有节奏感，因而适合在音乐伴奏下进行练习，通过音乐的强弱、快慢来表现主题思想，表达感情，将武术的健与美充分展现出来。

在武术器械套路教学中，如果可以将音乐运用得恰到好处，那么学生的动作表现力将会得到提升，而且学生也能更好地领悟和把握套路节奏，通过身体动作表现出武术套路的特点和风格。与此同时，学生在音乐伴奏中进行练习，其思想感情也会不断起伏变化，与动作的动静、速度变化相得益彰，动作表现力将有效提升。

不同器械运动的动作风格不同，因而选配的音乐也应该有所差异。比如，在太极剑教学中，适合选用民族古典音乐，这类音乐有优美的旋律，曲调流畅悠扬，正好适合绵绵不断、刚柔相济的太极剑。器械运动中的刀、枪、棍等项目敏捷灵活，具有力量感，因此适合选用节奏强劲、明快的音乐，使之与动作风格相呼应。选好音乐，学生可以根据音乐的节奏把握好动作的节奏，从而指引学生完整连贯地完成整套动作。

（四）注意教学安全

安全始终是体育教学中的一个大问题。武术器械教学中，因为教学器材的特殊性，更要注意安全。学生初学器械类武术运动。对器械充满好奇，手

第六章　文化传承视角下武术项目教学改革研究

持器械会不自觉地玩一会，有时也会胡乱挥舞一通，安全隐患还是比较大的。对此，在武术器械教学中必须高度重视安全，做好安全措施。武术教师要培养学生的安全意识，使学生自觉约束行为，按规定使用器械。在教学过程中，学生之间要保持足够的距离，防止因距离太近而干扰邻近同学动作的完成，同时这也是为了学生的安全考虑。相邻学生的安全距离要根据使用器械的长短和教学需要而定。

参考文献

[1]王健,孙小燕,陈永新.中国武术文化的传承教育与可持续发展[M].长春:吉林人民出版社,2019.

[2]王耀文,成英,逯中伟.武术文化传承与教育研究[M].北京:光明日报出版社,2015.

[3]时保平.健康、传承、弘扬大学体育武术教育教学模式多元化构建研究[M].成都:四川大学出版社,2019.

[4]徐福景.武术教育传承十年路[M].沈阳:辽宁大学出版社,2018.

[5]彭志辉,高红斌,何亚丽.文化全球化背景下的武术教育传承发展[M].长春:吉林大学出版社,2017.

[6]王运土.文化视角下武术传承与教育研究[M].北京:中国大地出版社,2019.

[7]罗雪琳.武术运动发展传承与教育[M].延吉:延边大学出版社,2017.

[8]刘国立.传统武术文化传承与教育研究[M].成都:电子科技大学出版社,2018.

[9]邱丕相,等.武术文化传承与教育研究[M].北京:高等教育出版社,2011.

[10]於世海.高校武术教学的价值分析与优化研究[M].长春:吉林大学出版社,2020.

[11]陈明坤,陈同先.武术教学与训练[M].北京:北京体育学院出版社,1993.

[12]相昌庆.新时代高校武术教学探索研究[M].北京:中国纺织出版社,2022.

[13]许俊菊.我国传统武术教学的创新发展研究[M].沈阳:辽宁大学出版

社，2019.

[14]张云波，赵鹏宇.中国元素中华武术[M].哈尔滨：哈尔滨出版社，2016.

[15]支川.中华武术文化概论[M].北京：清华大学出版社，2016.

[16]栗胜夫.中华武术的传承与发展[M].北京：人民体育出版社，2012.

[17]李印东.武术释义——武术本质及功能价值体系阐释[M].北京：北京体育大学出版社，2006.

[18]余水清.中国武术史概要[M].武汉：湖北科学技术出版社，2006.

[19]申国卿.燕赵武术文化研究[M].北京：人民体育出版社，2010.

[20]冯艳琼.地域武术与武术文化研究[M].北京：人民体育出版社，2009.

[21]乔凤杰.中华武术与传统文化[M].北京：社会科学文献出版社，2006.

[22]蔡仲林，周之华.武术[M].北京：高等教育出版社，2005.

[23]林小美.大学武术[M].杭州：浙江大学出版社，2008.

[24]岳志荣.武术文化在学校教育中传承的研究[D].大连：辽宁师范大学，2007.

[25]许可.中国传统武术文化教育传承研究[D].重庆：西南师范大学，2005.

[26]康戈武.关于武术本体的认识及对武术学科建设的思考[J].成都体育学院学报，2018，44（06）：24-33.

[27]肖梅.浅谈初中武术教学评价的内容和方法[J].搏击（武术科学），2009，6（11）：69-70.

[28]高航.多元智能理论对武术教学评价方法的启迪[J].武术研究，2019，4（04）：78-80.

[29]全国体育院校教材委员会审定.中国武术教程 上[M].北京：人民体育出版社，2004.

[30]李蕾，王海鸥.中国武术精品课程建设存在问题与对策的研究[J].搏击（武术科学），2012，9（09）：79-81，84.

[31]张锦辉.高校武术教学方法改革与创新研究[J].当代体育科技，2017，7（27）：156-157.

[32]吉洪林，赵光圣.回归技击，弘扬文化：武术教学内容改革的争议与反思[J].体育科研，2019，40（06）：22-26，33.

[33]王若楠，吴攀文，柳亚奇，等."一校一拳"视域下我国中小学武术教学改革探析[J].长春师范大学学报，2017，36（12）：93-96.

[34]刘军，姚道文，张煜文.文化传承视域的中小学武术教学内容探析[J].体育世界（学术版），2020，799（01）：10，16.

[35]盛杰.中职校开设武术器械教学的可行性探析[J].当代体育科技，2021，11（05）：164-166，169.

[36]张伟霞.武术课器械套路采用伴乐式教学方法的探讨[J].西江大学学报，1999（02）：74-77.

[37]张立振.吉林大学太极拳教学现状与对策研究[D].长春：吉林大学，2014.

[38]黄凯.长春市普通高校武术散打教学现状的分析与对策[D].长春：吉林大学，2012.

[39]李永刚.高校武术课程分析与教学创新研究[M].北京：中国纺织出版社，2016.

[40]吴昊."互联网+"背景下高校民族传统体育教学改革研究[J].教育理论与实践，2021，41（24）：58-60.

[41]郭峰.慕课在上海师范大学公共体育教学中的实证研究[D].上海：上海师范大学，2020.

[42]王平.湖南省普通高校武术教学的困境与出路[D].湖南师范大学，2012.

[43]宋海辉.从多元文化视角审视中国传统武术文化的发展[D].长沙：湖南师范大学，2009.

[44]宋建钧.传统武术竞技化困境与传承出路研究[D].南京：南京体育学院，2014.

[45]徐松威.休闲时代传统武术大众化发展战略研究[D].武汉：武汉体育学院，2011.

[46]张国才.全球化背景下中国武术的国际化传播研究[D].南京：南京师范大学，2015.

[47]段全伟.中国传统运动休闲的发展研究[D].北京：北京体育大学，2013.